も　く　じ

本書の特長と使い方　　　　　　　　　　　　　　　　　　　　　　　　　　

1	be動詞の文	4
2	一般動詞の文	6
3	命令文，感嘆文	8
4	過去の文①	10
5	過去の文②	12
6	疑問詞を使った疑問文①	14
7	疑問詞を使った疑問文②	16
8	いろいろな疑問文	18
9	進行形の文	20
10	未来の文	22
11	There is ～．の文	24
12	名詞，形容詞，副詞	26
13	助動詞	28
14	接続詞	30
15	前置詞	32
16	不定詞①，動名詞	34
17	不定詞②	36
18	文型	38
19	比較①	40
20	比較②	42
21	受け身の文	44
22	現在完了の文	46
23	現在完了・現在完了進行形の文	48
24	分詞	50
25	関係代名詞①	52
26	関係代名詞②	54
27	仮定法	56
28	熟語表現	58
29	英作文	60
30	リスニング	62

本書の特長と使い方

本書の特長

- 高校入試の勉強をこれから本格的に始めたい人におすすめの問題集です。
- 中学校で学習する英語の内容が30単元に凝縮されています。1冊取り組むことで，自分がどれくらい理解しているのか，どの分野を苦手にしているのかを明確にすることができます。
- 解答には，答えと解説だけでなく，注意すべき点や学習のポイントなどもまとまっており，明確になった苦手分野を対策するためのフォローが充実しています。

本書の使い方

step1

まずは，本冊の問題に取り組みましょう。その際，教科書や参考書などは見ずに，ヒント無しで解くようにしましょう。

その単元を学習する学年の目安です。まだ習っていない単元がある場合は，習った単元から取り組んでみましょう。

その単元の合計得点と，問題ごとの得点が，両方記入できるようになっているので，苦手な分野・苦手な問題を把握しやすくなっています。

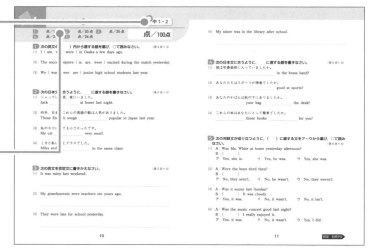

step2

解き終わったら答え合わせをして得点を出し，別冊解答P62・63にある「理解度チェックシート」に棒グラフで記入して，苦手分野を「見える化」しましょう。

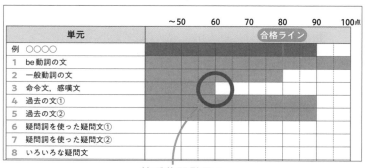

苦手分野発見！

得点が低かった単元は，そのページの解答にある「学習のアドバイス」や「覚えておきたい知識」を読んで，今後の学習にいかしましょう。

 学習のアドバイス

問題を解くときの注意点やポイント，学習する際に意識すべきことなどが，問題ごとにまとまっています。

 覚えておきたい知識

問題を解くうえで身につけておきたい基本事項が，単元ごとにまとまっています。

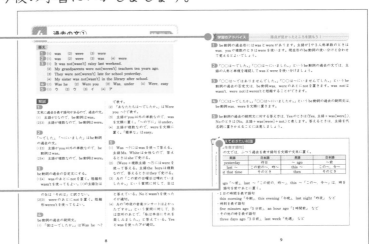

今後の学習の進め方

本書を一通り終えたら，次のように学習を進めていきましょう。

① **すべての単元が，「合格ライン」80点以上の場合**

…入試に向けた基礎力はしっかりと身についているといえるでしょう。入試本番に向けて，より実践的な問題集や過去問に取り組み，応用力を鍛えましょう。

② **一部の単元が，「合格ライン」80点に届かない場合**

…部分的に，苦手としている単元があるようです。今後の勉強に向けて，問題集や参考書で苦手な単元を集中的に復習し，克服しておきましょう。

③ **多くの単元が，「合格ライン」80点に届かない場合**

…もう一度，基礎をしっかりと学び直す必要があるようです。まずは教科書を丁寧に読み直し，基本事項の理解や暗記に努めましょう。

1 be 動詞の文

1	点／15点	2	点／25点	3	点／25点
4	点／15点	5	点／20点		

点／100点

1 次の英文の（　　）内から適する語を選び，○で囲みなさい。　　　　（各5点×3）

(1) I (am, is, are) from Osaka.

(2) You (am, is, are) a baseball fan.

(3) This is Kate. She (am, is, are) my best friend.

2 次の日本文に合うように，＿＿に適する語を書きなさい。　　　　（各5点×5）

(1) ハナは中学生です。
Hana ＿＿＿＿＿＿＿ a junior high school student.

(2) あれは有名な日本食レストランです。
＿＿＿＿＿＿＿ a famous Japanese restaurant.

(3) コウタと私はクラスメイトです。
Kota and I ＿＿＿＿＿＿＿ classmates.

(4) 私たちはテニス選手です。
＿＿＿＿＿＿＿ tennis players.

(5) 私の自転車は赤色です。
My bike ＿＿＿＿＿＿＿ red.

3 次の英文を否定文に書きかえなさい。　　　　（各5点×5）

(1) I'm a musician.

＿＿＿＿＿＿＿＿＿＿＿＿＿＿＿＿＿

(2) The shoes are small.

＿＿＿＿＿＿＿＿＿＿＿＿＿＿＿＿＿

(3) Mr. Brown is in the classroom.

＿＿＿＿＿＿＿＿＿＿＿＿＿＿＿＿＿

(4) You're my cousin.

_____

(5) He's thirty years old.

_____

4 次の日本文に合うように，____に適する語を書きなさい。　　(各5点×3)

(1) 今，あなたは眠いですか。
_____ you sleepy now?

(2) あなたの名前はアンディですか。
_____ your name Andy?

(3) 彼らは新入生ですか。
_____ they new students?

5 次の対話文が成り立つように，（　　）に適する文をア～ウから選び，○で囲みなさい。　　(各5点×4)

(1) A : Are you hungry?
　　B : (　　　　)
　　ア　Yes, he is.　　イ　Yes, I am.　　ウ　Yes, it is.

(2) A : Is this your key?
　　B : (　　　　)
　　ア　No, I'm not.　　イ　No, it's not.　　ウ　No, they aren't.

(3) A : Are you and Rika busy today?
　　B : (　　　　)
　　ア　Yes, she is.　　イ　Yes, they are.　　ウ　Yes, we are.

(4) A : Is Koji your father?
　　B : (　　　　)
　　ア　No, he isn't.　　イ　No, she isn't.　　ウ　No, we aren't.

解答　別冊P2

2 一般動詞の文

 中1

| 1 | 点／12点 | 2 | 点／24点 | 3 | 点／18点 |
| 4 | 点／18点 | 5 | 点／28点 |

点／100点

1 次の日本文に合うように，____に適する語を書きなさい。 (各4点×3)

(1) 私は毎朝，公園を走ります。
I _____ in the park every morning.

(2) あなたはじょうずにギターを演奏します。
You _____ the guitar well.

(3) 少年たちは毎週土曜日にテニスを練習します。
The boys _____ tennis every Saturday.

2 次の日本文に合うように，下の☐☐内から適する語を選び，適する形に変えて書きなさい。 (各6点×4)

(1) 私の妹はかばんを2個持っています。
My sister _____ two bags.

(2) カナは自転車で学校へ行きます。
Kana _____ to school by bike.

(3) エミは週末に数学を勉強します。
Emi _____ math on weekends.

(4) 私たちの学校は8時45分に始まります。
Our school _____ at eight forty-five.

| start | have | study | go |

3 次の英文を否定文に書きかえなさい。 (各6点×3)

(1) You and Mike use these desks.

_____

(2) Mr. Yamada teaches English to us.

_____

(3) My brother gets up at six.

_____

4 次の日本文に合うように，_____に適する語を書きなさい。　　　（各6点×3）

(1) あなたはよく本を読みますか。

_____ you often _____ a book?

(2) 彼女は毎日，朝食を作りますか。

_____ she _____ breakfast every day?

(3) コウジはコーヒーを飲みますか。

_____ Koji _____ coffee?

5 次の対話文が成り立つように，（　　　）に適する文をア～ウから選び，○で囲み
なさい。　　　（各7点×4）

(1) A：Do you know Mr. Kawasaki?
　　 B：（　　　　　）
　　 ア　No, I don't.　　　イ　No, I'm not.　　　ウ　No, he doesn't.

(2) A：Does your cat like fish?
　　 B：（　　　　　）
　　 ア　No, they don't.　　イ　No, it isn't.　　　ウ　No, it doesn't.

(3) A：Does your sister leave home before eight o'clock every day?
　　 B：（　　　　）She usually leaves home at seven thirty.
　　 ア　Yes, she does.　　イ　No, she doesn't.　　ウ　Yes, she is.

(4) A：Do you and Misa speak French well?
　　 B：（　　　　）We are not good speakers.
　　 ア　Yes, we do.　　　イ　No, we don't.　　　ウ　No, they don't.

解答　別冊P4

| 1 | 点／18 点 | 2 | 点／28 点 | 3 | 点／18 点 |
| 4 | 点／18 点 | 5 | 点／18 点 | | |

点／100点

1 次の日本文に合うように，＿＿＿に適する語を書きなさい。 (各6点×3)

(1) 9時に私の家に来なさい。

＿＿＿＿＿＿＿＿ ＿＿＿＿＿＿＿＿ my house at nine.

(2) 静かにしなさい。

＿＿＿＿＿＿＿＿ quiet.

(3) 早く寝なさい，ケン。

＿＿＿＿＿＿＿＿ ＿＿＿＿＿＿＿＿ ＿＿＿＿＿＿＿＿ early, Ken.

2 次の（　）内の語句や符号を並べ替えなさい。 (各7点×4)

(1) (in / Japanese / don't / speak) this room.

＿＿＿＿＿＿＿＿＿＿＿＿＿＿＿＿＿＿＿＿＿ this room.

(2) (the window / open / please / ,).

＿＿＿＿＿＿＿＿＿＿＿＿＿＿＿＿＿＿＿＿＿ .

(3) (a movie / let's / watch) next Sunday.

＿＿＿＿＿＿＿＿＿＿＿＿＿＿＿＿＿＿＿＿＿ next Sunday.

(4) (clean / please / this room), Nancy.

＿＿＿＿＿＿＿＿＿＿＿＿＿＿＿＿＿＿＿＿＿ , Nancy.

3 次の各組の英文がほぼ同じ内容になるように，＿＿＿に適する語を書きなさい。

(各6点×3)

(1) { Can you help me with my homework?
　　＿＿＿＿＿＿＿＿ ＿＿＿＿＿＿＿＿ me with my homework.

8

(2) $\begin{cases} \text{Shall we play tennis tomorrow?} \\ \underline{\hspace{3cm}} \underline{\hspace{3cm}} \text{ tennis tomorrow.} \end{cases}$

(3) $\begin{cases} \text{You must not use your smartphone here.} \\ \underline{\hspace{3cm}} \underline{\hspace{3cm}} \text{ your smartphone here.} \end{cases}$

4 次の日本文に合うように，（　　）内の語句を並べ替えなさい。　　　(各6点×3)

(1) あなたはなんとすてきな自転車を持っているのでしょう。
(nice bike / you / a / what) have!

_____ have!

(2) 彼はなんと速く走ることができるのでしょう。
(he / how / can / fast) run!

_____ run!

(3) これらはなんとよい写真なのでしょう。
(good pictures / are / what / these)!

_____ !

5 次の各組の英文がほぼ同じ内容になるように，＿＿に適する語を書きなさい。
(各6点×3)

(1) あれはなんと大きい家なのでしょう。
$\begin{cases} \underline{\hspace{2cm}} \text{ a big } \underline{\hspace{2cm}} \text{ that is!} \\ \underline{\hspace{2cm}} \underline{\hspace{2cm}} \text{ that house is!} \end{cases}$

(2) これはなんとおもしろい話なのでしょう。
$\begin{cases} \underline{\hspace{2cm}} \underline{\hspace{2cm}} \text{ interesting story this is!} \\ \underline{\hspace{2cm}} \text{ interesting this } \underline{\hspace{2cm}} \text{ is!} \end{cases}$

(3) これらのうで時計はなんとかっこいいのでしょう。
$\begin{cases} \underline{\hspace{2cm}} \text{ cool } \underline{\hspace{2cm}} \text{ watches are!} \\ \underline{\hspace{2cm}} \underline{\hspace{2cm}} \text{ watches these are!} \end{cases}$

9

解答　別冊P6▶

| 1 | 点／12点 | 2 | 点／20点 | 3 | 点／20点 |
| 4 | 点／24点 | 5 | 点／24点 | | |

点／100点

1 次の英文の（　　）内から適する語を選び，○で囲みなさい。 （各4点×3）

(1) I (am, was, were) in Osaka a few days ago.

(2) The soccer players (is, are, were) excited during the match yesterday.

(3) We (was, were, are) junior high school students last year.

2 次の日本文に合うように，＿＿＿に適する語を書きなさい。 （各5点×4）

(1) ジャックは昨夜，家にいました。
Jack ＿＿＿＿＿＿＿ at home last night.

(2) 昨年，日本でこれらの英語の歌は人気がありました。
These English songs ＿＿＿＿＿＿＿ popular in Japan last year.

(3) 私のネコはとても小さかったです。
My cat ＿＿＿＿＿＿＿ very small.

(4) ミカと私は同じクラスでした。
Mika and I ＿＿＿＿＿＿＿ in the same class.

3 次の英文を否定文に書きかえなさい。 （各5点×4）

(1) It was rainy last weekend.

＿＿＿＿＿＿＿＿＿＿＿＿＿＿＿＿＿＿＿

(2) My grandparents were teachers ten years ago.

＿＿＿＿＿＿＿＿＿＿＿＿＿＿＿＿＿＿＿

(3) They were late for school yesterday.

＿＿＿＿＿＿＿＿＿＿＿＿＿＿＿＿＿＿＿

(4) My sister was in the library after school.

_____

4 次の日本文に合うように，____ に適する語を書きなさい。　(各6点×4)

(1) 彼は吹奏楽部に入っていましたか。
_____ _____ in the brass band?

(2) あなたたちはスポーツが得意でしたか。
_____ good at sports?

(3) あなたのかばんは机の下にありましたか。
_____ your bag _____ the desk?

(4) これらの本はあなたにとって簡単でしたか。
_____ these books _____ for you?

5 次の対話文が成り立つように，（　　）に適する文をア～ウから選び，○で囲みなさい。　(各6点×4)

(1) A : Was Ms. White at home yesterday afternoon?
　　B : (　　　　　)
　　ア　Yes, she is.　　　イ　Yes, he was.　　　ウ　Yes, she was.

(2) A : Were the boys tired then?
　　B : (　　　　　)
　　ア　No, they aren't.　　イ　No, he wasn't.　　ウ　No, they weren't.

(3) A : Was it sunny last Sunday?
　　B : (　　　　　) It was cloudy.
　　ア　Yes, it was.　　　イ　No, it wasn't.　　　ウ　No, it isn't.

(4) A : Was the music concert good last night?
　　B : (　　　　　) I really enjoyed it.
　　ア　Yes, it was.　　　イ　No, it wasn't.　　　ウ　Yes, I did.

11

1	点／20点	2	点／20点	3	点／18点	**点／100点**
4	点／21点	5	点／21点			

1 次の日本文に合うように，下の◯◯内から適する語を選び，適する形に変えて書きなさい。 (各4点×5)

(1) 私は先月，アメリカを訪れました。

I _____ America last month.

(2) 私たちは夕食後にテレビを見ました。

We _____ TV after dinner.

(3) 彼らは2日前に理科を勉強しました。

They _____ science two days ago.

(4) 私のおじは岐阜に住んでいました。

My uncle _____ in Gifu.

(5) その男性は突然立ち止まりました。

The man _____ suddenly.

watch	live	stop	study	visit

2 次の日本文に合うように，下の◯◯内から適する語を選び，適する形に変えて書きなさい。 (各5点×4)

(1) トムは東京でたくさんの写真を撮りました。

Tom _____ many pictures in Tokyo.

(2) 私は7時間眠りました。

I _____ for seven hours.

(3) マイクはこの前の金曜日，図書館へ行きました。

Mike _____ to the library last Friday.

(4) 私たちは昨日，母のために誕生日ケーキを買いました。

We _____ a birthday cake for our mother yesterday.

sleep	go	buy	take

3 次の英文を否定文に書きかえなさい。　　　　　　　　　　（各6点×3）

(1) My sister washed the dishes last night.

_____

(2) I wrote a letter to Rie this afternoon.

_____

(3) Kumi read a book about animals yesterday.

_____

4 次の日本文に合うように，____ に適する語を書きなさい。　（各7点×3）

(1) あなたは先週，野球をしましたか。

_____ you _____ baseball last week?

(2) 彼は昨日，この部屋を使いましたか。

_____ _____ _____ this room yesterday?

(3) 彼らはその試合に勝ちましたか。

_____ _____ the game?

5 次の対話文が成り立つように，（　　）に適する文をア～ウから選び，○で囲みなさい。　　　　　　　　　　　　　　　　　　　（各7点×3）

(1) A : Did you see a new movie?
　　B : (　　　　　)
　　ア　No, I didn't.　　イ　No, I don't.　　ウ　No, it wasn't.

(2) A : Did your mother teach English when she was young?
　　B : (　　　　　) She was a math teacher.
　　ア　Yes, she did.　　イ　Yes, she was.　　ウ　No, she didn't.

(3) A : Did Mr. Brown make this cake?
　　B : (　　　　　) He is good at cooking.
　　ア　Yes, he does.　　イ　Yes, he did.　　ウ　No, he didn't.

解答　別冊P10

1	点／20点	**2**	点／20点	**3**	点／15点
4	点／15点	**5**	点／30点		

点／100点

1 次の日本文に合うように，＿＿に適する語を書きなさい。 (各5点×4)

(1) あなたは週末に何をしますか。

＿＿＿＿＿＿ ＿＿＿＿＿＿ you do on weekends?

(2) あれらは何ですか。

＿＿＿＿＿＿ ＿＿＿＿＿＿ those?

(3) あの少女はだれですか。

＿＿＿＿＿＿ ＿＿＿＿＿＿ that girl?

(4) だれがじょうずにピアノを演奏しますか。

＿＿＿＿＿＿ ＿＿＿＿＿＿ the piano well?

2 次の日本文に合うように，（　）内から適する語を選び，○で囲みなさい。 (各5点×4)

(1) あのノートはだれのものですか。
(What, Which, Whose) is that notebook?

(2) あなたの傘はどれですか。
(Which, Whose, Who) is your umbrella?

(3) あなたはリンゴとオレンジのどちらがほしいですか。
(Who, What, Which) do you want, an apple or an orange?

(4) これらはだれのえんぴつですか。
(Which, Whose, What) pencils are these?

3 次の日本文に合うように，＿＿に適する語を書きなさい。 (各5点×3)

(1) あなたの誕生日はいつですか。

＿＿＿＿＿＿ ＿＿＿＿＿＿ your birthday?

(2) あなたは先週，どこへ行きましたか。

＿＿＿＿＿＿ ＿＿＿＿＿＿ you ＿＿＿＿＿＿ last week?

14

(3) あなたはたいてい，いつ部屋をそうじしますか。
_____ _____ you usually _____ your room?

4 次の日本文に合うように，（　　）内から適する語を選び，○で囲みなさい。
（各5点×3）

(1) あなたはどのようにして英語を勉強しますか。
(Which, How, Where) do you study English?

(2) あなたは今朝，なぜ怒っていたのですか。
(Why, How, What) were you angry this morning?

(3) 東京の天気はどうですか。
(Which, When, How) is the weather in Tokyo?

5 次の対話文が成り立つように，（　　）に適する文をア〜ウから選び，○で囲みなさい。
（各6点×5）

(1) A : What is your favorite subject?
B : (　　　　)
ア It's math. 　　イ I love soccer. 　　ウ We have three classes.

(2) A : Why were you late for school?
B : (　　　　)
ア No, I wasn't. 　　イ Under the chair. 　　ウ Because I got up late.

(3) A : Where was Sarah yesterday afternoon?
B : (　　　　)
ア In the library. 　　イ Every Thursday. 　　ウ It's mine.

(4) A : How do you go to school?
B : (　　　　)
ア By bike. 　　イ In May. 　　ウ Yes, we do.

(5) A : Whose is that computer?
B : (　　　　)
ア It's on the desk. 　　イ He's my father. 　　ウ It's Emi's.

15

解答　別冊P12

1 点／20点　2 点／25点　3 点／25点
4 点／30点

点／**100点**

1 次の日本文に合うように，（　　）内から適する語を選び，○で囲みなさい。
(各5点×4)

(1) あなたの弟さんは何の教科が好きですか。
(What, Where, When) subject does your brother like?

(2) あれはだれのイヌですか。
(When, Whose, Who) dog is that?

(3) どのバスが美術館へ行きますか。
(Which, Whose, How) bus goes to the museum?

(4) 今日は何曜日ですか。
(Which, How, What) day is it today?

2 次の質問の答えとして適するものを，ア〜オから選びなさい。　(各5点×5)

(1) How far is it to your school?　（　　　）　ア　3,000 yen.

(2) How much are those shoes?　（　　　）　イ　For two years.

(3) How old is your sister?　（　　　）　ウ　Fourteen years old.

(4) How many cats do you have?　（　　　）　エ　About one kilometer.

(5) How long did you live in Canada?　（　　　）　オ　I have two.

3 次の対話文が成り立つように，（　　）に適する文をア〜ウから選び，○で囲みなさい。
(各5点×5)

(1) A : What color do you like?
B : (　　　　)
ア　I have a red pen.　　イ　I like dogs.　　ウ　I like yellow.

(2) A : How many chairs do you need?
B : (　　　　)
ア　We need five.　　イ　We want a desk.　　ウ　We are busy.

(3) A : Which picture did you take?
B : (　　　　)
ア　This is yours.　　イ　I took that one.　　ウ　I took three.

16

(4) A : Whose notebooks are those?
　　B : (　　　　　)
　　ア　They need them.　　イ　They are Jack's.　　ウ　They are new.

(5) A : How much is this jacket?
　　B : (　　　　　)
　　ア　It's 50 dollars.　　イ　I have only one.　　ウ　I want a black one.

4 次の日本文に合うように，(　　　)内の語句や符号を並べ替えなさい。(各5点×6)

(1) あなたは何本のペンを買いましたか。
　　(buy / did / many / you / pens / how)?

　　_____?

(2) あなたは何のスポーツがじょうずですか。
　　(at / are / what / you / sport / good)?

　　_____?

(3) あの山はどれくらいの高さですか。
　　(high / mountain / how / is / that)?

　　_____?

(4) あれはだれの家ですか。
　　(is / whose / house) that?

　　_____ that?

(5) あなたは1週間に何回ギターを練習しますか。
　　(the guitar / you / often / practice / do / how) in a week?

　　_____ in a week?

(6) これとあれのどちらのかばんがあなたのものですか。
　　(or / yours / this one / bag / is / which / ,) that one?

　　_____ that one?

17

解答　別冊P14▶

1 点/30点　2 点/35点　3 点/35点　　　点/100点

1 次の日本文に合うように，（　　）内の語句を並べ替えなさい。　　(各5点×6)

(1) 私は彼がだれなのかよくわかりません。
I'm not sure (is / he / who).

I'm not sure ＿＿＿＿＿＿＿＿＿＿＿＿＿＿＿＿＿＿＿.

(2) あなたはサキがどうやって学校に来ているか知っていますか。
Do you know (Saki / to / how / school / comes)?

Do you know ＿＿＿＿＿＿＿＿＿＿＿＿＿＿＿＿＿＿＿?

(3) 私たちは何をすべきか教えてください。
Please tell us (we / do / should / what).

Please tell us ＿＿＿＿＿＿＿＿＿＿＿＿＿＿＿＿＿＿＿.

(4) トムはだれがその試合に勝ったのか知りませんでした。
Tom (won / who / didn't / the game / know).

Tom ＿＿＿＿＿＿＿＿＿＿＿＿＿＿＿＿＿＿＿.

(5) 私はミキに彼女のお兄さんが何歳なのかたずねました。
I asked Miki (brother / is / how / her / old).

I asked Miki ＿＿＿＿＿＿＿＿＿＿＿＿＿＿＿＿＿＿＿.

(6) あなたはボブが何のスポーツをするか覚えていますか。
Do you (sport / Bob / remember / what / plays)?

Do you ＿＿＿＿＿＿＿＿＿＿＿＿＿＿＿＿＿＿＿?

2 次の日本文に合うように，_____ に適する語を書きなさい。 (各7点×5)

(1) あなたはカナダ出身ですね。
You are from Canada, _____ _____?

(2) あなたは音楽が好きですね。
You like music, _____ _____?

(3) あなたのお姉さんはピアノを弾くことができますね。
Your sister can play the piano, _____ _____?

(4) そのとき，生徒たちは体育館にいませんでしたね。
The students weren't in the gym then, _____ _____?

(5) ジョーンズ先生はコーヒーを飲みませんね。
Mr. Jones doesn't drink coffee, _____ _____?

3 次の日本文に合うように，_____ に適する語を書きなさい。 (各7点×5)

(1) あなたは中学生ではないのですか。
_____ you a junior high school student?

(2) トムは野球ファンではないのですか。
_____ Tom a baseball fan?

(3) あなたは週末，図書館に行かないのですか。
_____ _____ go to the library on weekends?

(4) ケンはバスケットボールをしなかったのですか。
— はい，しませんでした。
_____ Ken play basketball?

— _____, he didn't.

(5) あなたたちは明日，図書館に行かないつもりですか。
— いいえ，行くつもりです。
_____ you go to the library tomorrow?

— _____, we _____.

19

解答　別冊P16

1	点／15点	2	点／15点	3	点／20点
4	点／15点	5	点／15点	6	点／20点

点／100点

1 次の日本文に合うように，＿＿に適する語を書きなさい。　　　　　　（各5点×3）

(1) 私は今，テニスの試合を見ています。

I ＿＿＿＿＿＿＿＿ ＿＿＿＿＿＿＿＿ a tennis match now.

(2) コウタとメグは宿題をしています。

Kota and Meg ＿＿＿＿＿＿＿＿ ＿＿＿＿＿＿＿＿ their homework.

(3) 私たちは今，体育館でダンスをしています。

We ＿＿＿＿＿＿＿＿ ＿＿＿＿＿＿＿＿ in the gym now.

2 次の英文を否定文に書きかえなさい。　　　　　　（各5点×3）

(1) I'm practicing basketball now.

＿＿＿＿＿＿＿＿＿＿＿＿＿＿＿＿＿＿＿＿＿＿＿＿

(2) My sister is cutting paper now.

＿＿＿＿＿＿＿＿＿＿＿＿＿＿＿＿＿＿＿＿＿＿＿＿

(3) Bob and Ken are eating lunch now.

＿＿＿＿＿＿＿＿＿＿＿＿＿＿＿＿＿＿＿＿＿＿＿＿

3 次の対話文が成り立つように，＿＿に適する語を書きなさい。　　　　　　（各5点×4）

(1) Is Ms. Brown playing the piano? — Yes, she ＿＿＿＿＿＿＿＿.

(2) ＿＿＿＿＿＿＿＿ it raining in Tokyo now? — No, it isn't.

(3) Are you and Maya drinking coffee?

— No, ＿＿＿＿＿＿＿＿ ＿＿＿＿＿＿＿＿.

(4) ＿＿＿＿＿＿＿＿ Saki and Tom waiting for a bus?

— Yes, ＿＿＿＿＿＿＿＿ are.

4 次の日本文に合うように，＿＿に適する語を書きなさい。　　　　　(各5点×3)

(1) 私はそのとき，コンピュータを使っていました。

I ＿＿＿＿＿＿＿＿ ＿＿＿＿＿＿＿＿ a computer then.

(2) 生徒たちはいすに座っていました。

The students ＿＿＿＿＿＿＿＿ ＿＿＿＿＿＿＿＿ on the chairs.

(3) 私たちは教室で理科を勉強していました。

We ＿＿＿＿＿＿＿＿ ＿＿＿＿＿＿＿＿ science in the classroom.

5 次の英文を否定文に書きかえなさい。　　　　　(各5点×3)

(1) Takuya was talking with Mr. Sato.

＿＿＿＿＿＿＿＿＿＿＿＿＿＿＿＿＿＿＿＿＿＿＿＿＿＿＿

(2) Kevin and John were swimming in the river.

＿＿＿＿＿＿＿＿＿＿＿＿＿＿＿＿＿＿＿＿＿＿＿＿＿＿＿

(3) The girls were listening to music at that time.

＿＿＿＿＿＿＿＿＿＿＿＿＿＿＿＿＿＿＿＿＿＿＿＿＿＿＿

6 次の対話文が成り立つように，＿＿に適する語を書きなさい。　　　　　(各5点×4)

(1) Was Lisa writing a letter then?

— No, she ＿＿＿＿＿＿＿＿.

(2) ＿＿＿＿＿＿＿＿ you and Jim walking your dog at that time?

— Yes, ＿＿＿＿＿＿＿＿ ＿＿＿＿＿＿＿＿.

(3) ＿＿＿＿＿＿＿＿ your father cooking dinner then?

— Yes, ＿＿＿＿＿＿＿＿ ＿＿＿＿＿＿＿＿.

(4) ＿＿＿＿＿＿＿＿ you running in the park at 8:00 a.m.?

— ＿＿＿＿＿＿＿＿, I was.

21

| 1 | 点／15点 | 2 | 点／15点 | 3 | 点／20点 |
| 4 | 点／15点 | 5 | 点／15点 | 6 | 点／20点 |

点／**100点**

1 次の英文の（　　）内から適する語を選び，○で囲みなさい。　　　　（各5点×3）

(1) I (am, is, are) going to visit Canada next month.

(2) My aunt and I (am, is, are) going to have lunch this weekend.

(3) Sam is going to (play, plays, playing) tennis with his friends.

2 次の英文を否定文に書きかえなさい。　　　　（各5点×3）

(1) I'm going to meet my grandmother this afternoon.

_____

(2) It is going to be sunny tonight.

_____

(3) We are going to go to the park tomorrow morning.

_____

3 次の対話文が成り立つように，_____に適する語を書きなさい。　　　　（各5点×4）

(1) Are you going to see a movie today, Yuka?

　　— Yes, _____ _____ .

(2) Is Ms. Green going to leave Japan in September?

　　— No, she _____ .

(3) _____ Nana _____ to arrive at the station at 2:00 p.m.?

　　— Yes, she _____ .

(4) _____ Ken and Saki going _____ study in the library?

　　— No, they _____ .

4 次の日本文に合うように，＿＿＿に適する語を書きなさい。　　　　（各5点×3）

(1) サラは今晩，パーティーに参加するつもりです。
Sarah ＿＿＿＿＿＿＿ ＿＿＿＿＿＿＿ a party this evening.

(2) 私たちは明日，忙しいでしょう。
We ＿＿＿＿＿＿＿ ＿＿＿＿＿＿＿ busy tomorrow.

(3) 彼は来週，新しいくつを買うつもりです。
＿＿＿＿＿＿＿ buy new shoes next week.

5 次の英文を否定文に書きかえなさい。　　　　（各5点×3）

(1) I will go to the summer festival with my sister.

＿＿＿＿＿＿＿＿＿＿＿＿＿＿＿＿＿＿

(2) It'll snow this weekend.

＿＿＿＿＿＿＿＿＿＿＿＿＿＿＿＿＿＿

(3) Kate and Shin will come here at five.

＿＿＿＿＿＿＿＿＿＿＿＿＿＿＿＿＿＿

6 次の対話文が成り立つように，＿＿＿に適する語を書きなさい。　　　　（各5点×4）

(1) Will you call Mike this evening?

— Yes, ＿＿＿＿＿＿＿ ＿＿＿＿＿＿＿.

(2) Will your brother send a letter to Ms. Clark?

— No, he ＿＿＿＿＿＿＿.

(3) ＿＿＿＿＿＿＿ the boys practice soccer next Saturday?

— Yes, ＿＿＿＿＿＿＿ ＿＿＿＿＿＿＿.

(4) Will you and Mami use the music room tomorrow?

— No, ＿＿＿＿＿＿＿ ＿＿＿＿＿＿＿.

解答　別冊P20

| **1** | 点／24点 | **2** | 点／28点 | **3** | 点／18点 |

| **4** | 点／30点 |

点／100点

1 次の日本文に合うように，＿＿＿に適する語を書きなさい。　　　(各6点×4)

(1) 机の上に本が1冊あります。

There ＿＿＿＿＿＿＿＿＿ a book ＿＿＿＿＿＿＿＿＿ the desk.

(2) 教室に何人かの男の子がいます。

＿＿＿＿＿＿＿＿＿ ＿＿＿＿＿＿＿＿＿ some boys in the classroom.

(3) テーブルの下に3匹のネコがいます。

There ＿＿＿＿＿＿＿＿＿ three cats ＿＿＿＿＿＿＿＿＿ the table.

(4) コップの中にたくさんの水が入っています。

＿＿＿＿＿＿＿＿＿ ＿＿＿＿＿＿＿＿＿ a lot of ＿＿＿＿＿＿＿＿＿ in the glass.

2 次の英文を否定文に書きかえなさい。　　　(各7点×4)

(1) There is a flower shop between our school and the library.

＿＿＿＿＿＿＿＿＿＿＿＿＿＿＿＿＿＿＿＿＿＿＿＿＿＿＿＿＿＿＿＿

(2) There are a few pens in the pencil case.

＿＿＿＿＿＿＿＿＿＿＿＿＿＿＿＿＿＿＿＿＿＿＿＿＿＿＿＿＿＿＿＿

(3) There are many people at the station today.

＿＿＿＿＿＿＿＿＿＿＿＿＿＿＿＿＿＿＿＿＿＿＿＿＿＿＿＿＿＿＿＿

(4) There is some milk in the bottle.

＿＿＿＿＿＿＿＿＿＿＿＿＿＿＿＿＿＿＿＿＿＿＿＿＿＿＿＿＿＿＿＿

3 次の日本文に合うように，＿＿に適する語を書きなさい。ただし，数も英語で書くこと。 (各6点×3)

(1) この近くにバス停はありますか。— はい，あります。

＿＿＿＿＿ there a bus stop ＿＿＿＿＿ here?

— Yes, there ＿＿＿＿＿.

(2) 壁に何枚かの写真がありますか。— はい，あります。

＿＿＿＿＿ ＿＿＿＿＿ any pictures ＿＿＿＿＿ the wall?

— Yes, ＿＿＿＿＿ are.

(3) 公園のそばに何台の車がありますか。— 4台あります。

＿＿＿＿＿ ＿＿＿＿＿ cars are ＿＿＿＿＿ by the park?

— There are ＿＿＿＿＿.

4 次の日本文に合うように，＿＿に適する語を書きなさい。 (各6点×5)

(1) その公園には1本の大きな木がありました。

＿＿＿＿＿ ＿＿＿＿＿ a big tree in the park.

(2) 体育館の前に12人の生徒がいました。

＿＿＿＿＿ ＿＿＿＿＿ twelve students in ＿＿＿＿＿ of the gym.

(3) 10年前，私の町には美術館が1つもありませんでした。

There ＿＿＿＿＿ any museums in my town ten years ago.

(4) あなたの家のとなりにレストランがありましたか。

＿＿＿＿＿ ＿＿＿＿＿ a restaurant ＿＿＿＿＿ to your house?

(5) そのとき，バレーボール部には何人の選手がいましたか。— 約20人いました。

＿＿＿＿＿ ＿＿＿＿＿ players were ＿＿＿＿＿ on the volleyball team at that time?

— ＿＿＿＿＿ were about twenty.

25

1	点／25点	**2**	点／25点	**3**	点／20点
4	点／15点	**5**	点／15点		

点／**100点**

1 次の日本文に合うように，（　　）内から適する語を選び，○で囲みなさい。ただし，必要がない場合は×を○で囲みなさい。　　　　　　　　（各5点×5）

(1) テーブルの上にオレンジが1つあります。そのオレンジはとてもおいしそうです。
There is (a, an, the) orange on the table. (A, An, The) orange looks delicious.

(2) 私の父はギターを弾くことができます。
My father can play (a, an, the) guitar.

(3) マットは1羽のウサギを飼っています。
Mat has (a, the, ×) rabbit.

(4) 私たちは毎日，サッカーを練習します。
We practice (a, the, ×) soccer every day.

(5) エリは自転車で学校へ行きます。
Eri goes to (a, the, ×) school by (a, the, ×) bike.

2 次の英文の＿＿に，（　　）内の語を必要に応じて適する形に変えて書きなさい。　　　　　　　　（各5点×5）

(1) My mother wants five ＿＿＿＿＿＿＿＿. (glass)

(2) I can see many ＿＿＿＿＿＿＿＿ over there. (child)

(3) We have fifteen ＿＿＿＿＿＿＿＿ in our class. (girl)

(4) Would you like some ＿＿＿＿＿＿＿＿? (water)

(5) These ＿＿＿＿＿＿＿＿ are famous for their fruits. (city)

3 次の日本文に合うように，（　　）内から適する語を選び，○で囲みなさい。

（各5点×4）

(1) あれらのボールは私たちのものではありません。
(That, These, Those) balls are not (our, ours, us).

(2) サクラは木の上に何かを見つけました。
Sakura found (thing, something, anything) on the tree.

(3) 箱の中に何かありましたか。
Was there (things, nothing, anything) in the box?

(4) こちらは私の兄です。彼の名前はポールです。
This is my brother. (Him, His, He) name is Paul.

4 次の日本文に合うように，＿＿＿に適する語を書きなさい。
（各5点×3）

(1) ここでは雪がたくさん降りますか。
Do you have ＿＿＿＿＿＿＿＿ snow here?

(2) 私はカナダに数人の友達がいます。
I have ＿＿＿＿＿＿ ＿＿＿＿＿＿ friends in Canada.

(3) マサトは今日，本を読む時間がほとんどありません。
Masato has ＿＿＿＿＿＿ time to read a book today.

5 次の日本文に合うように，（　　）内から適する語を選び，○で囲みなさい。
（各5点×3）

(1) 私の母はとてもじょうずに歌を歌います。
My mother sings songs very (good, well).

(2) あなたは毎朝，早く起きますか。
Do you get up (fast, early) every morning?

(3) タケシはときどき夕食を作ります。
Takeshi (sometimes, always) cooks dinner.

解答　別冊P24

1	点／15点	2	点／24点	3	点／15点
4	点／18点	5	点／28点		

点／100点

1 次の日本文に合うように，＿＿＿に適する語を書きなさい。 (各5点×3)

(1) マイクは日本語をじょうずに話すことができます。
Mike ＿＿＿＿＿＿＿＿ ＿＿＿＿＿＿＿＿ Japanese well.

(2) 私は速く走ることができません。
I ＿＿＿＿＿＿＿＿ ＿＿＿＿＿＿＿＿ fast.

(3) あなたのお母さんは車を運転することができますか。
＿＿＿＿＿＿＿＿ your mother ＿＿＿＿＿＿＿＿ a car?

2 次の日本文に合うように，（　　）内から適する語句を選び，○で囲みなさい。 (各6点×4)

(1) 私たちは他人に親切にすべきです。
We (may, should, can) be kind to others.

(2) このいすを使ってもよいですか。
(Must, Should, May) I use this chair?

(3) ボブは明日，5時に起きなければなりません。
Bob (must, may, can) get up at 5:00 tomorrow.

(4) 私は先週末，たくさんの宿題をしなければなりませんでした。
I (must, had to, may) do a lot of homework last weekend.

3 次の英文を否定文に書きかえなさい。 (各5点×3)

(1) You should talk with your friends in class.

＿＿＿＿＿＿＿＿＿＿＿＿＿＿＿＿＿＿＿＿＿＿＿＿＿＿＿＿＿＿＿＿

(2) Mari has to go to school today.

_____

(3) We had to leave home at 6:00 yesterday.

_____

4 次の日本文に合うように，____ に適する語を書きなさい。　　　(各6点×3)

(1) 私は傘を持っていかなければなりませんか。— いいえ，その必要はありません。
_____ _____ take an umbrella?

— No, you _____ have _____.

(2) 私たちは祭りに参加すべきですか。— はい，参加すべきです。
_____ _____ join the festival?

— Yes, you _____.

(3) 私は今日，家にいなければなりませんか。— はい，いなければなりません。
_____ I have _____ stay home today?

— Yes, you _____.

5 次の対話文が成り立つように，____ に適する語を書きなさい。　　　(各7点×4)

(1) Will _____ open the window? — Sure.

(2) _____ I take pictures here?
— I'm sorry, you can't.

(3) Shall I carry these boxes?

— Yes, _____.

(4) _____ _____ go shopping? — Yes, let's.

解答　別冊P26 ▶

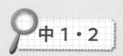
1 点／30点 **2** 点／40点 **3** 点／30点 | 点／**100**点

1 次の英文が成り立つように，＿＿＿にand，or，so，butのうち，適する語を書きなさい。 (各6点×5)

(1) Is this bag yours ＿＿＿＿＿＿＿＿ Mami's?

(2) I have a rabbit ＿＿＿＿＿＿＿＿ two cats.

(3) It's rainy, ＿＿＿＿＿＿＿＿ I don't have an umbrella.

(4) Eri is always kind to me, ＿＿＿＿＿＿＿＿ I like her very much.

(5) My brother is fifteen, ＿＿＿＿＿＿＿＿ my sister is eight.

2 次の日本文に合うように，（　　）内から適する語を選び，○で囲みなさい。 (各4点×10)

(1) 私は，彼の考えは正しいと思います。
I think (though, because, that) his idea is right.

(2) もし明日，天気がよければ，ピクニックに行きましょう。
(Because, After, If) the weather is good tomorrow, let's go on a picnic.

(3) 私がジュディーを訪ねたとき，彼女は部屋をそうじしていました。
(If, When, Before) I visited Judy, she was cleaning her room.

(4) 私はこの本を読み終えたあと，風呂に入るつもりです。
I will take a bath (after, before, that) I finish reading this book.

(5) マコトは病気だったので，パーティーに参加しませんでした。
Makoto didn't join the party (when, so, because) he was sick.

(6) あなたはなぜ遅刻したのですか。 ― 電車に乗り遅れたからです。
Why were you late?
― (Because, So, That) I missed the train.

(7) もしおなかがすいているなら，いっしょに昼食を食べませんか。
Shall we have lunch together (because, after, if) you are hungry?

(8) 私はきっとあなたたちが試合に勝つと思います。
I'm sure (because, that, if) you will win the game.

(9) テレビを見る前に宿題をしなさい。
(After, Before, When) you watch TV, do your homework.

(10) その辞書は高価ですが，とても役に立ちます。
The dictionary is very useful (if, but, though) it is expensive.

3 次の日本文に合うように，＿＿に適する語を書きなさい。 (各5点×6)

(1) ケンタもタロウも英語を話すのが得意です。
＿＿＿＿＿＿＿ Kenta ＿＿＿＿＿＿＿ Taro are good at speaking
English.

(2) スティーブか私のどちらかが間違っています。
＿＿＿＿＿＿＿ Steve ＿＿＿＿＿＿＿ I am wrong.

(3) 駅に着いたらすぐに私に電話してください。
Please call me as ＿＿＿＿＿＿＿ ＿＿＿＿＿＿＿ you arrive at the
station.

(4) 私のイヌはかわいいだけでなく，かしこいです。
My dog is not ＿＿＿＿＿＿＿ cute ＿＿＿＿＿＿＿ also smart.

(5) そのお茶はとても熱いので，私は飲むことができません。
The tea is ＿＿＿＿＿＿＿ hot ＿＿＿＿＿＿＿ I cannot drink it.

(6) スミスさんは画家ではなく，作家です。
Mr. Smith is ＿＿＿＿＿＿＿ an artist ＿＿＿＿＿＿＿ a writer.

解答 別冊P28

1 点／25点 **2** 点／30点 **3** 点／25点
4 点／20点

点／**100点**

1 次の日本文に合うように，（　）内から適する語を選び，○で囲みなさい。

(各5点×5)

(1) 昼食を食べる前に手を洗いなさい。
Wash your hands (after, before, since) having lunch.

(2) 10時までここで待ってください。
Please wait here (for, by, until) 10:00.

(3) 私は2時間，英語を勉強しました。
I studied English (for, at, since) two hours.

(4) 私たちは11月に文化祭があります。
We have a school festival (on, in, at) November.

(5) あなたたちは夏休みの間に何をしましたか。
What did you do (for, in, during) the summer vacation?

2 次の日本文に合うように，＿＿に適する語を書きなさい。 (各6点×5)

(1) 木の下にいる少年が見えますか。
Can you see a boy ＿＿＿＿＿＿＿ the tree?

(2) 机の上に何冊かのノートがあります。
There are a few notebooks ＿＿＿＿＿＿＿ the desk.

(3) 私はカナとメグミの間に座りました。
I sat down ＿＿＿＿＿＿＿ Kana ＿＿＿＿＿＿＿ Megumi.

(4) 駅の前によいレストランがあります。
There is a good restaurant ＿＿＿＿＿＿＿ ＿＿＿＿＿＿＿ of the station.

(5) 1人の少女が窓のそばに立っていました。
A girl was standing ＿＿＿＿＿＿＿ the window.

3 次の日本文に合うように，（　　）内から適する語を選び，○で囲みなさい。

（各5点×5）

(1) 私はルーシーに英語で手紙を書きました。
I wrote a letter to Lucy (in, on, with) English.

(2) あの雲は山のように見えます。
That cloud looks (in, like, at) a mountain.

(3) チエは雨の日はバスで学校へ行きます。
Chie goes to school (by, with, in) bus on rainy days.

(4) 父は傘を持たずに家を出ました。
My father left home (for, as, without) an umbrella.

(5) 生徒たちはボランティアとして図書館で働きました。
The students worked at the library (by, as, for) volunteers.

4 次の日本文に合うように，（　　）内の語句を並べ替えなさい。　　（各5点×4）

(1) 私はアメリカの歴史に興味があります。
I'm (history / interested / American / in).

I'm _____.

(2) ベッキーはそのとき，ラケットをさがしていました。
Becky (for / then / was / a racket / looking).

Becky _____.

(3) あなたはスポーツが得意ですか。
(good / you / at / are) sports?

_____ sports?

(4) 次の土曜日，私のイヌを世話してくれませんか。
Can you (my dog / take / of / care) next Saturday?

Can you _____ next Saturday?

33

解答　別冊P30

1	点／16点	2	点／18点	3	点／18点
4	点／15点	5	点／15点	6	点／18点

点／100点

1 次の日本文に合うように，＿＿＿に適する語を書きなさい。 (各4点×4)

(1) 私はテニスをすることが好きです。

I like ＿＿＿＿＿＿＿＿ ＿＿＿＿＿＿＿＿ tennis.

(2) あなたは今日，何をしたいですか。

What do you ＿＿＿＿＿＿＿＿ ＿＿＿＿＿＿＿＿ do today?

(3) 私の夢は世界中を旅することです。

My dream is ＿＿＿＿＿＿＿＿ ＿＿＿＿＿＿＿＿ all over the world.

(4) 音楽を聞くことは私にとって楽しいです。

＿＿＿＿＿＿＿＿ ＿＿＿＿＿＿＿＿ to music is fun for me.

2 次の日本文に合うように，＿＿＿に適する語を書きなさい。 (各6点×3)

(1) 私は何か食べるものがほしいです。

I want something ＿＿＿＿＿＿＿＿ ＿＿＿＿＿＿＿＿.

(2) 京都には訪れるべき場所がたくさんあります。

There are many ＿＿＿＿＿＿＿＿ ＿＿＿＿＿＿＿＿ ＿＿＿＿＿＿＿＿ in Kyoto.

(3) 私たちには今日，することが何もありません。

We have ＿＿＿＿＿＿＿＿ ＿＿＿＿＿＿＿＿ ＿＿＿＿＿＿＿＿ today.

3 次の日本文に合うように，（　　）内の語句を並べ替えなさい。 (各6点×3)

(1) 私は友達に会うために東京を訪れました。

I (see / Tokyo / my friends / to / visited).

I ＿＿＿＿＿＿＿＿＿＿＿＿＿＿＿＿＿＿＿＿.

(2) 私はもう一度あなたに会えてうれしいです。
I (you / to / am / see / glad) again.

I _____ again.

(3) あなたはなぜ早く起きたのですか。— イヌを散歩させるためです。
Why did you get up early? — (my dog / to / walk).

Why did you get up early? — _____ .

4 次の日本文に合うように，____ に適する語を書きなさい。 （各5点×3）

(1) 私たちは動物園で写真を撮って楽しみました。
We _____ _____ pictures in the zoo.

(2) 歴史を勉強することはあなたたちにとって大切です。
_____ history _____ important for you.

(3) 私の趣味は公園を走ることです。
My hobby _____ _____ in the park.

5 次の英文の （　） 内から適する語句を選び，○で囲みなさい。 （各5点×3）

(1) I decided (become, becoming, to become) a doctor.

(2) Did you finish (draw, drawing, to draw) a picture?

(3) Satomi hopes (work, working, to work) in foreign countries in the future.

6 次の日本文に合うように，____ に適する語を書きなさい。 （各6点×3）

(1) 次の土曜日に映画を見るのはどうですか。
_____ _____ seeing a movie next Saturday?

(2) 今日，来てくれてありがとう。
Thank you _____ _____ today.

(3) 私の兄は朝食を食べずに家を出ました。
My brother left home _____ _____ breakfast.

解答 別冊P32

| 1 | 点／18点 | 2 | 点／28点 | 3 | 点／18点 |
| 4 | 点／18点 | 5 | 点／18点 | | |

点／100点

1 次の日本文に合うように，（　　）内の語句を並べ替えなさい。　　　　（各6点×3）

(1) 本を読むことは大切です。
It is (books / to / read / important).

It is _____ .

(2) ジムと話すことは私にとって楽しかったです。
(talk / for me / was / with / to / fun / it) Jim.

_____ Jim.

(3) 中国語を話すことはあなたにとって難しいですか。
(for / to / difficult / speak / you / is / it) Chinese?

_____ Chinese?

2 次の日本文に合うように，____に適する語を書きなさい。　　　　（各7点×4）

(1) あなたたちにこのコンピュータの使い方を教えましょう。
I will tell you _____ _____ use this computer.

(2) 私は次に何をするべきかわかりません。
I don't know _____ _____ _____ next.

(3) どのバスに乗るべきか私に教えてください。
Please tell me _____ _____ _____ take.

(4) 私はどこに座るべきか知りたいです。
I want to know _____ _____ .

3 次の日本文に合うように，____に適する語を書きなさい。　　　　（各6点×3）

(1) 母はいつも私に勉強するように言います。
My mother always _____ _____ _____
study.

(2) 私はあなたに英語の歌を歌ってほしいです。

I ＿＿＿＿＿＿＿＿ ＿＿＿＿＿＿＿＿ ＿＿＿＿＿＿＿＿ sing English songs.

(3) 姉は私にドアを閉めるようにたのみました。

My sister ＿＿＿＿＿＿＿＿ ＿＿＿＿＿＿＿＿ ＿＿＿＿＿＿＿＿ close the door.

4 次の日本文に合うように，（　　）内の語句を並べ替えなさい。 　(各6点×3)

(1) 私に自己紹介をさせてください。

(myself / me / introduce / let), please.

＿＿＿＿＿＿＿＿＿＿＿＿＿＿＿＿＿＿＿＿＿＿＿＿＿＿＿＿＿ , please.

(2) 私は妹に皿を洗わせました。

I (made / wash / the dishes / my sister).

I ＿＿＿＿＿＿＿＿＿＿＿＿＿＿＿＿＿＿＿＿＿＿＿＿＿＿＿＿＿ .

(3) ボブは私が英語で手紙を書くのを手伝ってくれました。

Bob (helped / write / me / a letter) in English.

Bob ＿＿＿＿＿＿＿＿＿＿＿＿＿＿＿＿＿＿＿＿＿＿＿＿＿ in English.

5 次の各組の英文がほぼ同じ内容になるように，＿＿＿に適する語を書きなさい。

(各6点×3)

(1) { I was so tired that I couldn't do my homework.

I was ＿＿＿＿＿＿＿ tired ＿＿＿＿＿＿＿ do my homework.

(2) { My brother is so old that he can ride a bike.

My brother is ＿＿＿＿＿＿＿ ＿＿＿＿＿＿＿ ＿＿＿＿＿＿＿ ride a bike.

(3) { This box is so heavy that I can't carry it.

The box is ＿＿＿＿＿＿＿ heavy for ＿＿＿＿＿＿＿ ＿＿＿＿＿＿＿ carry.

37

解答　別冊P34 ▶

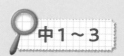

| 1 | 点／20点 | 2 | 点／24点 | 3 | 点／28点 |
| 4 | 点／28点 |

点／100点

1 次の日本文に合うように，＿＿＿に適する語を書きなさい。 (各4点×5)

(1) 私のおじは速く泳ぎます。
My uncle ＿＿＿＿＿＿＿＿ fast.

(2) サトウ先生は5年前，カナダに住んでいました。
Ms. Sato ＿＿＿＿＿＿＿＿ in Canada five years ago.

(3) あなたの考えはすばらしく聞こえます。
Your idea ＿＿＿＿＿＿＿＿ great.

(4) あなたは今日，疲れているように見えます。
You ＿＿＿＿＿＿＿＿ ＿＿＿＿＿＿＿＿ today.

(5) 私の姉は去年，数学の先生になりました。
My sister ＿＿＿＿＿＿＿＿ a math ＿＿＿＿＿＿＿＿ last year.

2 次の日本文に合うように，＿＿＿に適する語を書きなさい。 (各6点×4)

(1) トムはとてもじょうずにフランス語を話します。
Tom ＿＿＿＿＿＿＿＿ ＿＿＿＿＿＿＿＿ very well.

(2) 私たちの市には大きな図書館が2つあります。
Our city ＿＿＿＿＿＿＿＿ two large ＿＿＿＿＿＿＿＿.

(3) 私は彼女がイヌを3匹飼っていることを知っています。
I ＿＿＿＿＿＿＿＿ ＿＿＿＿＿＿＿＿ she has three dogs.

(4) 私の兄は部屋をそうじし終えました。
My brother ＿＿＿＿＿＿＿＿ ＿＿＿＿＿＿＿＿ his room.

3 次の日本文に合うように，（　）内の語句を並べ替えなさい。 (各7点×4)

(1) 私はメアリーに本を買いました。　I (a book / bought / Mary).

I ＿＿＿＿＿＿＿＿＿＿＿＿＿＿＿＿＿＿＿＿＿＿＿＿＿.

(2) 母は私たちにケーキを作ってくれました。
Our mother (made / a cake / us).

Our mother _____.

(3) 私は彼に誕生日プレゼントをあげるつもりです。
I will (him / a birthday present / give).

I will _____.

(4) ベティーは昨日，私に英語を教えてくれました。
(English / taught / me / Betty) yesterday.

_____ yesterday.

4 次の日本文に合うように，（　　）内の語句を並べ替えなさい。　　(各7点×4)

(1) 私の友達は私をサキと呼びます。
My friends (me / call / Saki).

My friends _____.

(2) 私はそのネコをモモと名づけました。
I (the cat / Momo / named).

I _____.

(3) その知らせは私たちを驚かせました。
The news (surprised / made / us).

The news _____.

(4) 窓を開けたままにしておいてください。
Please (open / keep / the window).

Please _____.

解答　別冊P36

1	点／28点	2	点／18点	3	点／18点
4	点／18点	5	点／18点		

点／100点

1 次の英文の＿＿に，（　）内の語を適する形に変えて書きなさい。 （各7点×4）

(1) These problems are ＿＿＿＿＿＿＿ than those problems. （ easy ）

(2) Your computer is ＿＿＿＿＿＿＿ than mine. （ new ）

(3) It is ＿＿＿＿＿＿＿ in Okinawa than in Hokkaido. （ hot ）

(4) This lake is ＿＿＿＿＿＿＿ than that one. （ large ）

2 次の日本文に合うように，＿＿に適する語を書きなさい。 （各6点×3）

(1) この辞書は私の辞書よりも役に立ちます。
This dictionary is ＿＿＿＿＿＿＿ ＿＿＿＿＿＿＿ than mine.

(2) 私は私の弟よりも注意深く車を運転します。
I drive a car ＿＿＿＿＿＿＿ ＿＿＿＿＿＿＿ ＿＿＿＿＿＿＿ my brother.

(3) 時間はお金よりも大切です。
Time is ＿＿＿＿＿＿＿ ＿＿＿＿＿＿＿ ＿＿＿＿＿＿＿ money.

3 次の日本文に合うように，（　）内の語や符号を並べ替えなさい。 （各6点×3）

(1) この橋とあの橋ではどちらが長いですか。
(is / longer / which), this bridge or that one?

＿＿＿＿＿＿＿＿＿＿＿＿＿＿＿＿＿＿＿, this bridge or that one?

(2) あなたとあなたのお父さんではどちらが忙しいですか。
(is / you / who / busier / or / ,) your father?

＿＿＿＿＿＿＿＿＿＿＿＿＿＿＿＿＿＿＿ your father?

(3) トムとジョージではどちらが速く走りますか。
(runs / faster / or / who / Tom / ,) George?

_____ George?

4 次の日本文に合うように，（　　）内の語句を並べ替えなさい。　(各6点×3)

(1) 私は母と同じくらい早く起きます。
I (up / my mother / early / as / as / get).

I _____ .

(2) あなたのネコは私のネコと同じくらいかわいいです。
(is / cute / your cat / as / as) mine.

_____ mine.

(3) この山はあの山ほど高くありません。
(as / not / high / this mountain / as / is) that one.

_____ that one.

5 次の日本文に合うように，＿＿に適する語を書きなさい。　(各6点×3)

(1) ケンジはクラスでほかのどの生徒よりも一生懸命に勉強しました。
Kenji studied harder than _____ _____

_____ in his class.

(2) このかばんは私のかばんの3倍高価です。
This bag is _____ times _____ expensive

_____ mine.

(3) ユカリは冬よりも夏のほうが好きです。
Yukari likes summer _____ _____ winter.

解答　別冊P38

1 次の英文の＿＿に，（　　）内の語を適する形に変えて書きなさい。　（各5点×4）

(1)　This black dog is the ＿＿＿＿＿＿ of the four. （ big ）

(2)　I think Emi is the ＿＿＿＿＿＿ in my class. （ kind ）

(3)　This T-shirt looks the ＿＿＿＿＿＿ in this shop. （ nice ）

(4)　My sister usually comes home the ＿＿＿＿＿＿ in my family.

（ early ）

2 次の日本文に合うように，＿＿に適する語を書きなさい。　（各5点×3）

(1)　この寺は私たちの町でいちばん有名です。
　　This temple is the ＿＿＿＿＿＿ ＿＿＿＿＿＿ in our town.

(2)　この映画は3つの中でいちばんおもしろかったです。
　　This movie was the ＿＿＿＿＿＿ ＿＿＿＿＿＿
　the three.

(3)　サッカーは私の国でいちばん人気があります。
　　Soccer is the ＿＿＿＿＿＿ ＿＿＿＿＿＿ ＿＿＿＿＿＿ my
　country.

3 次の日本文に合うように，（　　）内の語句を並べ替えなさい。　（各6点×5）

(1)　あなたのチームでだれがいちばん背が高いですか。
　　(the / who / tallest / is) in your team?

　＿＿＿＿＿＿＿＿＿＿＿＿＿＿＿＿＿＿＿ in your team?

(2)　5人の中でだれがいちばんじょうずに中国語を話しますか。
　　(Chinese / who / best / speaks / the) of the five?

　＿＿＿＿＿＿＿＿＿＿＿＿＿＿＿＿＿＿＿ of the five?

(3) あなたはどのスポーツがいちばん好きですか。
What sport (the / you / best / do / like)?

What sport _____?

(4) 何があなたにとっていちばん大切ですか。
(most / the / is / important / what) to you?

_____ to you?

(5) この庭でどの花がいちばん美しいですか。
(is / beautiful / the / which flower / most) in this garden?

_____ in this garden?

4 次の各組の英文がほぼ同じ内容になるように，____に適する語を書きなさい。
（各7点×5）

(1) { English is easier than math for me.
     Math is _____ _____ than English for me.

(2) { I am not as young as your brother.
     I am _____ _____ your brother.

(3) { Your bike is more expensive than mine.
     My bike isn't _____ expensive _____ yours.

(4) { Mike practices *kanji* the hardest in his class.
     Mike practices *kanji* _____ _____ any other student
     in his class.

(5) { No other tower is higher than this one in this country.
     This tower is the _____ in this country.

43

解答 別冊P40

1 点／20点	2 点／20点	3 点／24点
4 点／12点	5 点／24点	

点／100点

1 次の英文の＿＿に，（　）内の語を適する形に変えて書きなさい。 (各5点×4)

(1) English is ＿＿＿＿＿＿ by a lot of people in the world. （ study ）

(2) Many computers are ＿＿＿＿＿＿ in this room. （ use ）

(3) Some fruits were ＿＿＿＿＿＿ at that shop. （ sell ）

(4) The letter on the desk was ＿＿＿＿＿＿ by my sister. （ write ）

2 次の日本文に合うように，（　）内から適する語を選び，○で囲みなさい。

(各5点×4)

(1) サムの歌は若い人々によって好かれています。
Sam's songs are (like, liked) by young people.

(2) たくさんの星がここから見られます。
Many stars can (be, are) seen from here.

(3) 私はリサにプレゼントをもらいました。
I (was, am) given a present by Lisa.

(4) この寺は約200年前に建てられました。
This temple was (build, built) about 200 years ago.

3 次の英文を受け身の否定文に書きかえなさい。 (各6点×4)

(1) This town is visited by many foreign people.

＿＿＿＿＿＿＿＿＿＿＿＿＿＿＿＿＿＿＿＿＿＿＿＿＿

(2) These pictures were taken by Tom.

＿＿＿＿＿＿＿＿＿＿＿＿＿＿＿＿＿＿＿＿＿＿＿＿＿

(3) French is spoken in this country.

_____

(4) The work will be finished by 3:00.

_____

4 次の日本文に合うように，＿＿＿に適する語を書きなさい。　　　（各4点×3）

(1) 市役所は5時30分に閉められますか。

＿＿＿＿＿＿＿＿ the city hall ＿＿＿＿＿＿＿＿ at 5:30?

(2) この車は日本で作られましたか。

＿＿＿＿＿＿＿＿ this car ＿＿＿＿＿＿＿＿ in Japan?

(3) これらの箱は生徒たちによって運ばれましたか。

＿＿＿＿＿＿＿＿ these boxes ＿＿＿＿＿＿＿＿ ＿＿＿＿＿＿＿＿ the students?

5 次の日本文に合うように，（　　）内の語句を並べ替えなさい。　　　（各6点×4）

(1) 私はそのニュースに驚きました。　I (at / surprised / the news / was).

I ＿＿＿＿＿＿＿＿＿＿＿＿＿＿＿＿＿＿＿＿＿ .

(2) サトウ先生はこの学校のみんなに知られています。
Mr. Sato (known / to / is / everyone) in this school.

Mr. Sato ＿＿＿＿＿＿＿＿＿＿＿＿＿＿＿＿ in this school.

(3) あの山は雪でおおわれています。　That mountain (snow / with / covered / is).

That mountain ＿＿＿＿＿＿＿＿＿＿＿＿＿＿＿ .

(4) チーズは牛乳から作られます。　Cheese (milk / from / made / is).

Cheese ＿＿＿＿＿＿＿＿＿＿＿＿＿＿＿＿＿＿ .

解答　別冊P42 ▶

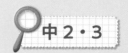

| 1 | 点／20点 | 2 | 点／18点 | 3 | 点／20点 | 点／100点 |
| 4 | 点／21点 | 5 | 点／21点 | | | |

1 次の英文の＿＿に，（　）内の語を適する形に変えて書きなさい。（各5点×4）

(1) I have already ＿＿＿＿＿＿ doing my homework. （ finish ）

(2) My uncle has ＿＿＿＿＿ Mt. Fuji three times. （ climb ）

(3) Ms. White has ＿＿＿＿＿ in Japan for ten years. （ live ）

(4) We have just ＿＿＿＿＿ lunch. （ eat ）

2 次の日本文に合うように，＿＿に適する語を書きなさい。（各6点×3）

(1) カナは以前，キャシーに会ったことがあります。
Kana ＿＿＿＿＿＿ ＿＿＿＿＿＿ Cathy before.

(2) 私はすでに自分の部屋をそうじしました。
I ＿＿＿＿＿ already ＿＿＿＿＿ my room.

(3) ケンと私は6年間，英語を勉強しています。
Ken and I ＿＿＿＿＿＿ ＿＿＿＿＿＿ English for six years.

3 次の英文を否定文に書きかえなさい。（各5点×4）

(1) Our school festival has started.

＿＿＿＿＿＿＿＿＿＿＿＿＿＿＿＿＿＿＿＿＿＿＿＿＿＿＿＿＿＿＿

(2) It has been cold since last week.

＿＿＿＿＿＿＿＿＿＿＿＿＿＿＿＿＿＿＿＿＿＿＿＿＿＿＿＿＿＿＿

(3) We have seen the movie.

_____

(4) I have played the piano since last year.

_____

4 次の対話文が成り立つように，＿＿に適する語を書きなさい。 (各7点×3)

(1) _____ Takumi come home yet?

— No, he _____ .　He'll come home soon.

(2) How _____ _____ has Jim read this book?
— Twice.　It is his favorite.

(3) _____ _____ have you known each other?
— For about four years.

5 次の英文を（　）内の指示にしたがって書きかえなさい。 (各7点×3)

(1) Did you stay in foreign countries?　(ever「今までに」を加えて)

_____

(2) Mamoru was busy <u>yesterday</u>.　(下線部を since yesterday に変えて)

_____

(3) My sister has washed these dishes.
　　　　　　　　(yet を文末に加えて，「まだ～ない」という文に)

_____

解答　別冊P44

1　点／24点　2　点／35点　3　点／20点

4　点／21点

点／100点

1 次の日本文に合うように，＿＿に適する語を書きなさい。　　　　（各6点×4）

(1) スティーブは何度も納豆を食べたことがあります。

Steve ＿＿＿＿＿＿＿＿ eaten *natto* many ＿＿＿＿＿＿＿＿.

(2) 私は一度も英語の本を読んだことがありません。

I ＿＿＿＿＿＿＿＿ ＿＿＿＿＿＿＿＿ read an English book.

(3) あなたは今までにカナダに行ったことがありますか。

＿＿＿＿＿＿＿＿ you ＿＿＿＿＿＿＿＿ been to Canada?

(4) ジョンは何回京都を訪れたことがありますか。

＿＿＿＿＿＿＿＿ ＿＿＿＿＿＿＿＿ times has John visited Kyoto?

2 次の日本文に合うように，（　　）内の語句を並べ替えなさい。　　（各7点×5）

(1) 私たちはちょうど駅を出発したところです。

We (the station / just / left / have).

We ＿＿＿＿＿＿＿＿＿＿＿＿＿＿＿＿＿＿＿＿＿＿＿＿＿.

(2) ミキはすでに週末の予定を決めました。

Miki (decided / has / the plans / already) for the weekend.

Miki ＿＿＿＿＿＿＿＿＿＿＿＿＿＿＿＿＿＿＿ for the weekend.

(3) あなたたちはもうエイミーの新しい歌を聞きましたか。

Have (Amy's / you / listened / new song / yet / to)?

Have ＿＿＿＿＿＿＿＿＿＿＿＿＿＿＿＿＿＿＿＿＿＿＿＿＿?

(4) クミはまだあなたにメッセージを送っていません。

Kumi (yet / a message / sent / hasn't / to you).

Kumi ＿＿＿＿＿＿＿＿＿＿＿＿＿＿＿＿＿＿＿＿＿＿＿.

(5) 私の兄はオーストラリアに行ってしまいました。
My brother (to / gone / Australia / has).

My brother ＿＿＿＿＿＿＿＿＿＿＿＿＿＿＿＿＿＿＿＿＿＿.

3 次の英文を日本語になおしなさい。　　　　　　　　　　　（各5点×4）
(1) Tom has wanted a bicycle for two years.
　　（　　　　　　　　　　　　　　　　　　　　　　　　　）

(2) I haven't seen Judy for a long time.
　　（　　　　　　　　　　　　　　　　　　　　　　　　　）

(3) Have you been sick since last night?
　　（　　　　　　　　　　　　　　　　　　　　　　　　　）

(4) How long has Ms. Kato worked at this school?
　　（　　　　　　　　　　　　　　　　　　　　　　　　　）

4 次の日本文に合うように，（　　　）内の語句を並べ替えなさい。　　（各7点×3）
(1) トモミは今朝からピアノを弾いています。
Tomomi (since / the piano / has / playing / been) this morning.

Tomomi ＿＿＿＿＿＿＿＿＿＿＿＿＿＿＿＿＿ this morning.

(2) あなたは1時間，ナオミを待っているのですか。
(waiting / Naomi / you / for / been / have) for an hour?

＿＿＿＿＿＿＿＿＿＿＿＿＿＿＿＿＿＿＿ for an hour?

(3) あなたたちはどれくらいテニスを練習していますか。
(you / long / practicing / how / been / have) tennis?

＿＿＿＿＿＿＿＿＿＿＿＿＿＿＿＿＿＿＿ tennis?

解答　別冊P46

1 次の英文の＿＿に，（　　）内の語を適する形に変えて書きなさい。 （各5点×4）

(1) Look at those ＿＿＿＿＿＿＿ children. （ dance ）

(2) Tom is the boy ＿＿＿＿＿＿＿ soccer over there. （ play ）

(3) Is that ＿＿＿＿＿＿＿ woman Saki? （ sing ）

(4) The dog ＿＿＿＿＿＿＿ along the river is cute. （ run ）

2 次の日本文に合うように，＿＿に適する語を書きなさい。 （各6点×5）

(1) あの泣いている少女は私の妹です。
That ＿＿＿＿＿＿＿ ＿＿＿＿＿＿＿ is my sister.

(2) サトウ先生はいすに座っている女性です。
Ms. Sato is the woman ＿＿＿＿＿＿＿ on the chair.

(3) 向こうで歩いているネコはあなたのですか。
Is the cat ＿＿＿＿＿＿＿ over there yours?

(4) 海で泳いでいる男性を知っていますか。
Do you know the man ＿＿＿＿＿＿＿ in the sea?

(5) ドアのところに立っている生徒はだれですか。
Who is the student ＿＿＿＿＿＿＿ at the door?

3 次の日本文に合うように，＿＿に（　　）内の語を適する形に変えて書きなさい。
（各5点×4）

(1) カナダで話されている言語は何ですか。
What is the language ＿＿＿＿＿＿＿ in Canada? （ speak ）

(2) タクヤは中古のコンピュータを買いました。
Takuya bought a _____ computer. （ use ）

(3) トムによって撮られた写真は美しいです。
The pictures _____ by Tom are beautiful. （ take ）

(4) これは日本製の車です。
This is a car _____ in Japan. （ make ）

4 次の日本文に合うように，（　　）内の語句を並べ替えなさい。　（各6点×5）
(1) ナナと呼ばれているあの少女は私のいとこです。
（ Nana / that girl / called ） is my cousin.

_____ is my cousin.

(2) これらはジョンによってかかれた絵です。
These are （ by / painted / pictures / John ）.

These are _____.

(3) 私は英語で書かれた本を手に入れました。
I got （ English / a book / in / written ）.

I got _____.

(4) あなたたちはワカバ市で開かれる祭りに参加するつもりですか。
Are you going to join （ in / the festival / Wakaba City / held ）?

Are you going to join _____?

(5) あのこわれた窓を見なさい。
Look at （ broken / window / that ）.

Look at _____.

解答　別冊P48

1　点／30点　**2**　点／20点　**3**　点／20点
4　点／30点

点／100点

1 次の英文の（　　）内から適する語を選び，○で囲みなさい。　　　　（各6点×5）

(1) I have a friend (which, who) lives in Hokkaido.

(2) My brother wants a watch (which, who) was made in Italy.

(3) That is a store (who, that) was opened yesterday.

(4) The boy that (play, plays) soccer well is Takeru.

(5) This is the present which (is, was) given to Eric yesterday.

2 次の日本文に合うように，（　　）内の語句を並べ替えなさい。　　　　（各5点×4）

(1) これは駅に行くバスですか。
Is this (the station / the bus / to / goes / which)?

Is this ＿＿＿＿＿＿＿＿＿＿＿＿＿＿＿＿＿＿＿＿＿＿＿＿＿＿＿？

(2) 向こうで電車を待っている男性はだれですか。
Who is (is / a train / the man / over there / that / for / waiting)?

Who is ＿＿＿＿＿＿＿＿＿＿＿＿＿＿＿＿＿＿＿＿＿＿＿＿＿？

(3) オーストラリア出身のその画家は日本で人気があります。
(from / the artist / who / Australia / is) is popular in Japan.

＿＿＿＿＿＿＿＿＿＿＿＿＿＿＿＿＿＿＿＿＿＿＿ is popular in Japan.

(4) あの店で売られている野菜はとてもおいしいです。
(at / sold / the vegetables / are / which / that store) are delicious.

＿＿＿＿＿＿＿＿＿＿＿＿＿＿＿＿＿＿＿＿＿＿＿ are delicious.

3 次の英文の（　）内から適する語を選び，○で囲みなさい。　　（各5点×4）

(1)　A woman (which, that) I saw at the station is a famous singer.

(2)　This is a book (which, who) Mr. Maeda wrote.

(3)　I want to visit the shrine (who, that) you visited three years ago.

(4)　Masaru is the person (that, which) we trust very much.

4 次の日本文に合うように，（　）内の語句を並べ替えなさい。　　（各6点×5）

(1)　あなたがいちばん好きな教科は何ですか。
What is (you / which / the subject / the best / like)?

What is _____?

(2)　向こうに見える建物は市役所です。
(can / the building / you / over there / which / see) is the city hall.

_____ is the city hall.

(3)　これはあなたが昨日なくした消しゴムですか。
Is this (you / yesterday / that / the eraser / lost)?

Is this _____?

(4)　私が尊敬している人は父です。
(I / that / respect / the person) is my father.

_____ is my father.

(5)　私が先週見た映画は私をわくわくさせました。
(last week / which / I / me / the movie / excited / made / saw).

_____.

解答　別冊P50 ▷

1 点／28点 2 点／24点 3 点／18点
4 点／30点

点／100点

1 次の（　　）内の語句を並べ替えなさい。　　　　　　　　　　（各7点×4）

(1) These are (my father / shoes / bought) on the Internet.

These are _____ on the Internet.

(2) I have loved (a cake / makes / my mother) since I was a child.

I have loved _____ since I was a child.

(3) (has / the computer / George) is new.

_____ is new.

(4) (got / yesterday / I / the book) is read by many people.

_____ is read by many people.

2 次の2つの英文を，下線部を先行詞にして，関係代名詞を使って1つの文にしなさい。　　　　　　　　　　（各6点×4）

(1) We want a dog. It has long hair.

_____

(2) I have an uncle. He teaches Japanese in America.

_____

(3) The singer will have a concert in September. I like her very much.

_____

(4) Is the movie popular around the world? You saw it yesterday afternoon.

_____

3 次のア～カから，文法的に間違っているものを３つ選び，記号で答えなさい。

(各6点×3)

ア　The woman that I saw this morning is our new teacher.
イ　Look at the boys that is carrying big boxes.
ウ　My father took me to the zoo which was opened last week.
エ　Can you see the bridge is over the river?
オ　The camera which my aunt gave it to me looks nice.
カ　The bags my grandmother has are expensive.

（　　　）（　　　）（　　　）

4 次の日本文を英語に，英文を日本語にしなさい。ただし，(1)～(3)は関係代名詞を使って書くこと。また，数も英語のつづりで書くこと。

(各5点×6)

(1)　私たちはピアノを演奏することができる生徒を１人必要としています。

We need _____ .

(2)　私はサム(Sam)が言った言葉を理解することができませんでした。

I couldn't understand _____ .

(3)　ブラウン先生(Ms. Brown)と話している少女はユカリです。

_____ is Yukari.

(4)　These pictures that were taken in Kyoto are beautiful.

（　　　　　　　　　　　　　　　　　　　　　　　　）

(5)　Who is the person who broke this window?

（　　　　　　　　　　　　　　　　　　　　　　　　）

(6)　I have a few things that I have to do this morning.

（　　　　　　　　　　　　　　　　　　　　　　　　）

55

解答　別冊P52

1 点／20点 2 点／30点 3 点／30点
4 点／20点

点／100点

1 次の日本文に合うように，（　）内から適する語句を選び，○で囲みなさい。

(各5点×4)

(1) 私が英語をじょうずに話せたらよいのに。
I wish I (speak, can speak, could speak) English well.

(2) 時間が止まればよいのに。
I wish time (will, would, can) stop.

(3) ジムがここにいてくれればよいのに。
I wish Jim (am, are, were) here.

(4) この町によいレストランがあればよいのに。
I wish there (are, were, is) a good restaurant in this town.

2 次の（　）内の語句を並べ替えなさい。

(各6点×5)

(1) I wish (fly / could / I / the sky / in).

I wish _____ .

(2) I wish (were / I / popular singer / a).

I wish _____ .

(3) (wish / had / a brother / I / I) or a sister.

_____ or a sister.

(4) (Mr. Smith / wish / I / come / would) back to Japan.

_____ back to Japan.

(5) (travel / I / I / could / wish) around the world.

_____ around the world.

3 次の日本文に合うように，（　　）内から適する語句を選び，○で囲みなさい。

（各6点×5）

(1) もし私があなたなら，そんなことはしないのに。
If I (am, were, would be) you, I would not do such a thing.

(2) もしあなたがその会社で働くなら，何をしますか。
What would you do if you (worked, work, would work) at the company?

(3) もし今日晴れているなら，私はキャンプに行くのに。
If it (were, is, be) sunny today, I would go camping.

(4) もし本がなければ，私の人生はとてもつまらないでしょう。
If there were no books, my life (will, can, would) be very boring.

(5) もし私があなたの電話番号を知っていれば，あなたに電話をすることができるのに。
I (will, can, could) call you if I knew your phone number.

4 次の（　　）内の語句を並べ替えなさい。

（各5点×4）

(1) (were / I / there / if), I would help you.

_____, I would help you.

(2) I could buy a new car (much / I / had / if / money).

I could buy a new car _____.

(3) If you were not busy today, (could / together / we / shopping / go).

If you were not busy today, _____.

(4) If I stayed in Hokkaido, (eat / a lot of / would / delicious / I / food).

If I stayed in Hokkaido, _____.

解答　別冊P54

①	点／20点	②	点／20点	③	点／30点
④	点／30点				

点／100点

1 次の日本文に合うように，＿＿＿に適する語を書きなさい。 (各5点×4)

(1) 私たちはパーティーで楽しい時をすごしました。

We ＿＿＿＿＿＿ a good ＿＿＿＿＿＿ at the party.

(2) マイクは昨日から彼のネコをさがしています。

Mike has been ＿＿＿＿＿＿ ＿＿＿＿＿＿ his cat since yesterday.

(3) 私の兄は野球部に所属しています。

My brother ＿＿＿＿＿＿ to the baseball team.

(4) 私は試合に勝つために全力を尽くします。

I will ＿＿＿＿＿＿ my ＿＿＿＿＿＿ to win the game.

2 次の日本文に合うように，（　　）内の語句を並べ替えなさい。 (各5点×4)

(1) この公園は美しい花で有名です。

This park (for / is / beautiful flowers / famous / its).

This park ＿＿＿＿＿＿＿＿＿＿＿＿＿＿＿.

(2) トムは日本語を話すことができます。

Tom (speak / to / Japanese / is / able).

Tom ＿＿＿＿＿＿＿＿＿＿＿＿＿＿＿.

(3) あなたはイヌがこわいですか。

(dogs / afraid / you / of / are)?

＿＿＿＿＿＿＿＿＿＿＿＿＿＿＿?

(4) 私の考えはあなたの考えとは違います。

My idea (from / different / yours / is).

My idea ＿＿＿＿＿＿＿＿＿＿＿＿＿＿＿.

3 次の英文の（　　）内から適する語を選び，○で囲みなさい。　　　　（各6点×5）

(1) We should help each (some, other, another).

(2) This zoo has many animals. (On, For, By) example, lions and pandas.

(3) The train stopped (as, since, because) of the bad weather.

(4) (According, Next, Still) to the map, the restaurant is near here.

(5) There are (more, most, better) than ten stories in this book.

4 次の対話文が成り立つように，（　　）に適する文や語句をア～ウから選び，○で囲みなさい。　　　　（各6点×5）

(1) A :（　　　　）Can I ask you something?
　　 B : Sure.
　　 ア　Thank you.　　イ　All right.　　ウ　Excuse me.

(2) A : It's hot in this room.　Can you open the window?
　　 B :（　　　　）
　　 ア　Of course.　　イ　Yes, please.　　ウ　You're welcome.

(3) A :（　　　　）play tennis in the park?
　　 B : That's a good idea.
　　 ア　How can we　　イ　Why don't we　　ウ　When will we

(4) A : Could you tell me how to get to the museum?
　　 B :（　　　　）
　　 A : Tell me the way to the museum, please.
　　 ア　This way.　　イ　Pardon me?　　ウ　I don't know.

(5) A : Hello.　This is Yui.
　　 B : Hi, Yui.　（　　　　）
　　 A : I have two tickets for a movie.　Let's go together.
　　 ア　What's up?　　イ　Who's calling?　　ウ　Where are you?

解答　別冊P56

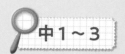
1 点／32点　2 点／18点　3 点／30点

4 点／20点

点／100点

1 次の問いに答えなさい。 (各8点×4)

(1) 次の対話が成り立つように，（　　）内の語を並べ替えなさい。

① A：It's so cold today. Let's (hot / drink / something / get / to).

   B：Sounds good.

② A：Hello. This is Meg. (Ken / speak / I / may / to), please?

   B：Speaking. What's up, Meg?

(2) 次の対話が成り立つように，□□□に適する英語を書きなさい。

① A：I'm going to go to Hokkaido next month.

   B：□□□□□

   A：No, I haven't. It's my first time.

② A：What are you doing, Emi?

   B：I'm carrying these boxes to the school library.

   A：□□□□□

   B：Yes, please. Thank you.

(1)　①　Let's _____ .

　　②　_____ , please?

(2)　①　_____

　　②　_____

2 次の絵について，対話が成り立つように□□□に適する答えを，主語と動詞をふくむ1文でそれぞれ書きなさい。 (各9点×2)

(1) How is the weather today?

(2) I'm sorry.

(1)　_____

(2)　_____

3 次の日本文を英語にしなさい。　　　　　　　　　　　　　　（各10点×3）

(1)　私が帰宅したとき，弟はテレビを見ていました。

_____ when I got home.

(2)　この花は英語で何と呼ばれていますか。

_____ in English?

(3)　夏はこの国を訪れるのにいちばんよい季節です。

Summer is _____ .

4 次の問いに答えなさい。　　　　　　　　　　　　　　　　（各10点×2）

(1)　あなたは英語の授業で，ALTのグリーン先生(Ms. Green)に，あなたが好きな
学校行事を紹介することになった。次の◻︎に，好きな学校行事を1つ挙げ，理由
や説明をふくめて25〜35語の英語で書きなさい。

> Hello.　I'm going to tell you about my favorite school event.
>
> _____
>
> _____

_____

_____

(2)　あなたは英語の授業で，"What should we do to protect the environment?"
という話題についてジョンと英語で意見交換をしている。次の〈ジョンの発言〉に
対するあなたの意見を，理由や説明をふくめて，25〜35語の英語で書きなさい。

〈ジョンの発言〉

I think we should stop using cars.　We can use bikes and take trains
instead.　Do you agree with me?

_____

_____

解答　別冊P58

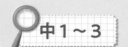
| 1 | 点／27点 | 2 | 点／27点 | 3 | 点／27点 |
| 4 | 点／19点 |

点／100点

1 英文を聞いて，その内容に最も合う絵をア〜エから選び，○で囲みなさい。

(各9点×3)

(1) ア 　イ 　ウ 　エ

(2) ア 　イ 　ウ 　エ

(3) ア 　イ 　ウ 　エ

2 対話や英文とそれについての質問を聞いて，質問に合う答えとして最も適するものをア〜エから選び，○で囲みなさい。

(各9点×3)

(1) ア At a station.
イ At a library.
ウ At a restaurant.
エ At a hospital.

(2) ア It's 1:45.
イ It's 1:55.
ウ It's 2:05.
エ It's 2:15.

(3) ア Work in Japan.
イ Stay at her house.
ウ Learn Japanese with her.
エ Enjoy talking with her.

3 対話を聞いて，それぞれの対話の最後のチャイムの部分に入るものとして最も適するものをア～エから選び，○で囲みなさい。 (各9点×3)

(1)　ア　Of course.
　　　イ　I like it, too.
　　　ウ　No, not yet.
　　　エ　Yes, it's for me.

(2)　ア　You'll like our coffee.
　　　イ　The apple pie is 300 yen.
　　　ウ　I'm sorry, we don't.
　　　エ　It's your favorite.

(3)　ア　You don't need to wait.
　　　イ　I haven't arrived yet.
　　　ウ　I see a tall blue building.
　　　エ　I saw you yesterday.

4 対話を聞いて，次の問いに答えなさい。 ((1)9点，(2)10点)

(1)　ビルはどこに向かうか。次の地図中のア～エから選び，○で囲みなさい。

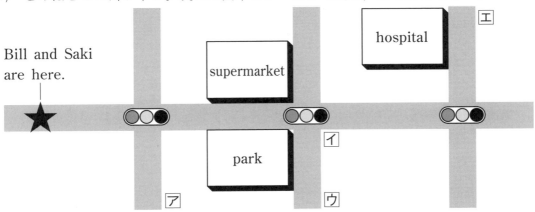

(2)　対話の内容に合うものを次のア～エから選び，○で囲みなさい。
　　　ア　Bill went to a bike shop to buy a new bike.
　　　イ　Bill can't go to one of the bike shops because it's too far.
　　　ウ　It's Wednesday and the nearest bike shop is not open.
　　　エ　Saki asked Bill to tell her the way to the bike shops.

解答　別冊P60

初版
第 1 刷 2023 年 5 月 1 日 発行

●編 者
　数研出版編集部
●カバー・表紙デザイン
　bookwall

発行者　星野 泰也

ISBN978-4-410-15383-9

高校入試 苦手がわかる対策ノート 英語

発行所　**数研出版株式会社**　　〒101-0052 東京都千代田区神田小川町 2 丁目 3 番地 3
　　　　　　　　　　　　　　　　　　　　　　〔振替〕00140-4-118431
本書の一部または全部を許可なく　　〒604-0861 京都市中京区烏丸通竹屋町上る大倉町205番地
複写・複製することおよび本書の　　〔電話〕代表（075）231-0161
解説・解答書を無断で作成するこ　　ホームページ　https://www.chart.co.jp
とを禁じます。　　　　　　　　　　印刷　創栄図書印刷株式会社
　　　　　　　　　　　　　　　　　　　　乱丁本・落丁本はお取り替えいたします　230301

苦手がわかる 対策ノート

英語

数研出版編集部 編

解答編

数研出版
https://www.chart.co.jp

も く じ （解答）

1	be動詞の文	2
2	一般動詞の文	4
3	命令文，感嘆文	6
4	過去の文①	8
5	過去の文②	10
6	疑問詞を使った疑問文①	12
7	疑問詞を使った疑問文②	14
8	いろいろな疑問文	16
9	進行形の文	18
10	未来の文	20
11	There is 〜.の文	22
12	名詞，形容詞，副詞	24
13	助動詞	26
14	接続詞	28
15	前置詞	30
16	不定詞①，動名詞	32
17	不定詞②	34
18	文型	36
19	比較①	38
20	比較②	40
21	受け身の文	42
22	現在完了の文	44
23	現在完了・現在完了進行形の文	46
24	分詞	48
25	関係代名詞①	50
26	関係代名詞②	52
27	仮定法	54
28	熟語表現	56
29	英作文	58
30	リスニング	60

理解度チェックシート	62
次はこの本がオススメ！	64

1 be 動詞の文

本冊 P4, 5

答え

1 (1) am　(2) are　(3) is
2 (1) is　(2) That's　(3) are　(4) We're　(5) is
3 (1) I'm[I am] not a musician.　(2) The shoes are not[aren't] small.
(3) Mr. Brown is not[isn't] in the classroom.
(4) You're not[You are not / You aren't] my cousin.
(5) He's not[He is not / He isn't] thirty years old.
4 (1) Are　(2) Is　(3) Are
5 (1) イ　(2) イ　(3) ウ　(4) ア

解説

1
(1) 「私は大阪出身です。」主語がIのとき，be動詞はam。
(2) 「あなたは野球ファンです。」主語がYouのとき，be動詞はare。
(3) 「こちらはケイトです。彼女は私の親友です。」主語がSheのとき，be動詞はis。

2
(1) 主語がHanaなので，be動詞はis。
(2) 「あれは〜です。」はThat is 〜.で表す。解答欄の数から，短縮形That'sを入れる。
(3) 主語がKota and Iと複数なので，be動詞はare。
(4) 「私たちは〜です。」はWe are 〜.で表す。解答欄の数から，短縮形We'reを入れる。
(5) 主語のMy bikeが単数なので，be動詞はis。

3
(1) I'mのあとにnotを置く。

(2) areのあとにnotを置く。are notの短縮形aren'tを使ってもよい。
(3) isのあとにnotを置く。is notの短縮形isn'tを使ってもよい。
(4) You'reのあとにnotを置く。are notの短縮形aren'tを使ってもよい。
(5) He'sのあとにnotを置く。is notの短縮形isn'tを使ってもよい。

4
(1) 主語がyouなので，be動詞はare。
(2) 主語がyour nameと単数なので，be動詞はis。
(3) 主語がtheyなので，be動詞はare。

5
(1) 「あなたは空腹ですか。」Are you 〜?に対して，I amで答える。
(2) 「これはあなたのかぎですか。」Is this 〜?に対して，it isで答える。
(3) 「今日，あなたとリカは忙しいですか。」Are you and Rika 〜?に対して，we areで答える。
(4) 「コウジはあなたのお父さんですか。」Is Koji 〜?に対して，he isで答える。

1 「○○は〜です。」「○○は〜にあります［います］。」の文では，動詞はbe動詞を使います。現在形のbe動詞はam，are，isの3つで，主語によって使い分けます。

2 主語がyouや複数のときはareを，I，you以外で単数のときはisを使います。複数の主語としてKota and I，単数の主語としてmy bike（単数の名詞）などのように，主語の人数・個数がすぐには判断しにくい語句が使われている場合は間違えやすいので，注意が必要です。

3 「○○は〜ではありません。」「○○は〜にありません［いません］。」というbe動詞の否定文は，be動詞のあとにnotを置きます。〈be動詞＋not〉は短縮形にすることもできますが，am notだけは短縮形が存在しません。

4 「○○は〜ですか。」「○○は〜にありますか［いますか］。」というbe動詞の疑問文は，be動詞を文頭に置きます。文頭の1文字目を大文字にすること，文末に「?」をつけることを忘れないようにしましょう。

5 be動詞の疑問文に対する答え方は，Yesのときは〈Yes, 主語＋be動詞.〉，Noのときは〈No, 主語＋be動詞＋not.〉と表します。

覚えておきたい知識

【be動詞の使い分け】

主語	be動詞
I	am
you，複数	are
I, you以外で単数のとき	is

we, they, the students, you and Rika などが，複数の主語となる。

【be動詞の短縮形】

主語が単数	短縮形	主語が複数	短縮形
I am ➡	I'm	we are ➡	we're
you are ➡	you're	you are ➡	you're
he is	he's		
she is ➡	she's		
it is ➡	it's	they are ➡	they're
this is	なし		
that is ➡	that's		

否定形	短縮形
am not	なし
are not ➡	aren't
is not ➡	isn't

2 一般動詞の文

答え

1 (1) run (2) play (3) practice
2 (1) has (2) goes (3) studies (4) starts
3 (1) You and Mike do not[don't] use these desks.
(2) Mr. Yamada does not[doesn't] teach English to us.
(3) My brother does not[doesn't] get up at six.
4 (1) Do, read (2) Does, make[cook] (3) Does, drink[have]
5 (1) ア (2) ウ (3) ア (4) イ

解説

1

一般動詞の現在の文。
(1) 「走る」はrun。
(2) 「(曲・楽器など)を演奏する」はplay。
(3) 「〜を練習する」はpractice。

2

主語が3人称単数で, 現在の一般動詞の文。
(1) 「〜を持っている」はhave。3人称単数現在形はhas。
(2) 「行く」はgo。3人称単数現在形はそのままesをつけてgoes。
(3) 「〜を勉強する」はstudy。3人称単数現在形はyをiに変えてesをつけてstudies。
(4) 「始まる」はstart。3人称単数現在形はそのままsをつけてstarts。

3

(1) 主語がYou and Mikeと複数で現在の文なので, 〈主語＋do not[don't]＋動詞の原形 〜.〉の形にする。
(2)(3) 主語が3人称単数で現在の文なので, 〈主語＋does not[doesn't]＋動詞の原形 〜.〉の形にする。

4

一般動詞の現在の疑問文。
(1) 主語がyouなので, 主語の前にDoを置く。「読む」はread。
(2)(3) 主語が3人称単数なので, 〈Does＋主語＋動詞の原形 〜?〉で表す。一般動詞は原形にする。

5

(1) Do 〜?の文にはdoを使って答える。youは, Iまたはweで受ける。
(2) Does 〜?の文にはdoesを使って答える。your catはitで受ける。
(3) Aの「あなたのお姉さん[妹さん]は毎日8時前に家を出ますか。」という質問に対して, Bは空所のあとで「彼女はたいてい7時30分に家を出ます。」と答えている。Yesとdoesを使ったアが適切。
(4) Aの「あなたとミサはフランス語をじょうずに話しますか。」という質問に対して, Bは空所のあとで「私たちはじょうずな話し手ではありません。」と答えている。Noとweを使ったイが適切。

4

1 「○○は〜します。」のように動作や状態などを伝えるときは，一般動詞を使います。be動詞と一般動詞はいっしょには使いません。

2 主語が3人称単数(1人や1つ)で現在の文では，一般動詞の語尾にsまたはesをつけます。3人称単数現在形の作り方は，動詞の語尾によってパターンが決まっているので，その規則を覚えておきましょう。

3 「○○は〜しません。」という一般動詞の現在の否定文は，動詞の原形の前にdo not[don't]やdoes not[doesn't]を置きます。主語がI，you，複数のときはdo not[don't]，主語が3人称単数のときはdoes not[doesn't]を使うことに注意しましょう。

4 「○○は〜しますか。」という一般動詞の現在の疑問文は，〈Do[Does]＋主語＋動詞の原形 〜?〉で表します。主語がI，you，複数のときはDo，主語が3人称単数のときはdoesを使うことに注意しましょう。

5 Do 〜?の文には，〈Yes，主語＋do.〉または〈No，主語＋do not[don't].〉で答えます。Does 〜?の文には，〈Yes，主語＋does.〉または〈No，主語＋does not[doesn't].〉で答えます。

覚えておきたい知識

【一般動詞】
・動作を表す動詞
　buy「〜を買う」，clean「〜をそうじする」，dance「おどる，ダンスをする」など
・状態を表す動詞
　know「〜を知っている」，live「住んでいる」，want「〜がほしい」など

【3人称単数現在形の作り方】

多くの動詞 →語尾にsをつける	use → uses speak → speaks　など
s, x, sh, ch, oで終わる動詞 →語尾にesをつける	go → goes watch → watches　など
〈子音字＋y〉で終わる動詞 →yをiに変えてesをつける	cry → cries try → tries　など

have→hasは形が変わる動詞として覚える。

5

3 命令文，感嘆文

答え

1 (1) Come to　(2) Be　(3) Go to bed

2 (1) Don't speak Japanese in
　　(2) Open the window, please　(3) Let's watch a movie
　　(4) Please clean this room

3 (1) Please help　(2) Let's play　(3) Don't use

4 (1) What a nice bike you　(2) How fast he can
　　(3) What good pictures these are

5 (1) What, house / How big　(2) What an / How, story
　　(3) How, these / What cool

解説

1

「～しなさい。」という命令文は動詞の原形で文を始める。
(1) 「～に来る」はcome to ～。
(2) quiet「静かな」という形容詞が続くので，be動詞の命令文。Be を文頭に置く。
(3) 「寝る」はgo to bed。

2

(1) 語群のdon't から，〈Don't ＋動詞の原形 ～.〉で表す。
(2)(4) 語群のpleaseから，〈動詞の原形 ～, please.〉または〈Please ＋動詞の原形 ～.〉で表す。
(3) 語群のlet's から，〈Let's ＋動詞の原形 ～.〉で表す。

3

(1) Can you ～?「～してくれませんか。」はplease を使った文に書きかえられる。
(2) Shall we ～?「いっしょに～しませんか。」は〈Let's ＋動詞の原形 ～.〉に書きかえられる。

(3) must not ～「～してはいけません。」はDon't ～.に書きかえられる。

4

感嘆文「なんと～でしょう。」は〈How ＋形容詞[副詞] ～!〉または〈What(＋a[an])＋形容詞＋名詞 ～!〉で表す。
(1) 「なんとすてきな自転車」はwhat a nice bike。
(2) 「なんと速く」はhow fast。
(3) 「なんとよい写真」はwhat good pictures。

5

(1) 上の文はwhat，下の文はhow を使った感嘆文にする。
(2) 上の文はwhat，下の文はhow を使った感嘆文にする。interesting は母音で始まる語なので，前にan を置く。
(3) 上の文はhow，下の文はwhat を使った感嘆文にする。watches「うで時計」は複数なので，前にa や an はつけない。

1 「～しなさい。」という命令文は，主語を省略して〈動詞の原形　～.〉で表します。あとに形容詞や名詞が続くbe動詞の文は，Beで文を始めることに注意しましょう。相手に呼びかけるときは，文頭か文末に名前をつけます。

2 「～してはいけません。」は〈Don't ＋動詞の原形　～.〉で表し，「～してください。」は〈Please ＋動詞の原形　～.〉または〈動詞の原形　～, please.〉で表します。pleaseを文末に置くときは，前にコンマ〈,〉をつけることを忘れないようにしましょう。

3 助動詞を使った依頼や勧誘，禁止を表す文は，命令文を使って書きかえられます。

4 感嘆文「なんと～でしょう。」はhowやwhatを使って表します。文末に「!」をつけることを忘れないようにしましょう。

5 感嘆文では，whatのあとは「名詞をふくむ語句」，howのあとは「形容詞や副詞」を続けます。whatのあとに続く名詞が単数形の場合は，前にaまたはanが必要です。

覚えておきたい知識

【命令文とその答え方】

・命令文「～しなさい。」
　(例) Look at this picture. 「この写真を見なさい。」
　　― Sure. / Of course. / OK. / All right. 「いいですよ。」
　　― I'm sorry, I can't. 「すみませんが，できません。」

・勧誘を表す命令文「～しましょう。」
　(例) Let's play soccer tomorrow. 「明日サッカーをしましょう。」
　　― Yes, let's. 「はい，そうしましょう。」
　　― No, let's not. 「いいえ，よしましょう。」

> let'sを使って答えることができる。

【感嘆文】
あとに続く語句に合わせてwhatとhowを使い分ける。
　(例)「この花はなんと美しいのでしょう。」

　　How beautiful this flower is!
　　　　形容詞または副詞

　　What a beautiful flower this is!
　　　　(a[an]＋)形容詞＋名詞

> 主語と動詞を省略して，How beautiful! やWhat a beautiful flower! とすることもできる。

4 過去の文①

答え

1 (1) was (2) were (3) were

2 (1) was (2) were (3) was (4) were

3 (1) It was not[wasn't] rainy last weekend.
(2) My grandparents were not[weren't] teachers ten years ago.
(3) They were not[weren't] late for school yesterday.
(4) My sister was not[wasn't] in the library after school.

4 (1) Was he (2) Were you (3) Was, under (4) Were, easy

5 (1) ウ (2) ウ (3) イ (4) ア

解説

1

文末に過去を表す語句があるので, 過去の文。
(1) 主語がⅠなので, be動詞はwas。
(2)(3) 主語が複数なので, be動詞はwere。

2

「～でした」, 「～にいました」はbe動詞の過去の文。
(1)(3) 主語がyou以外の単数なので, be動詞はwas。
(2)(4) 主語が複数なので, be動詞はwere。

3

be動詞の過去の否定文にする。
(1)(4) wasのあとにnotを置く。短縮形wasn'tを使ってもよい。(1)の主語Itは天候や時刻などを表すときに使う。このItは「それは」と訳さない。
(2)(3) wereのあとにnotを置く。短縮形weren'tを使ってもよい。

4

be動詞の過去の疑問文。
(1) 「彼は～でしたか。」はWas he ～?

で表す。
(2) 「あなたたちは～でしたか。」はWere you ～?で表す。
(3) 主語がyou以外の単数なので, wasを文頭に置く。「～の下に」はunder。
(4) 主語が複数なので, wereを文頭に置く。「簡単な」はeasy。

5

(1) Was ～?にはwasを使って答える。主語Ms. Whiteは女性なので, 答えるときはsheで受ける。
(2) 〈Were＋複数主語 ～?〉にはwereを使って答える。主語the boysは複数なので, 答えるときはtheyで受ける。
(3) Aの「この前の日曜日は晴れていましたか。」という質問に対して, Bは空所のあとで, 「くもっていました。」と答えている。Noとwasn'tを使ったイが適切。
(4) Aの「昨夜の音楽コンサートはよかったですか。」という質問に対して, Bは空所のあとで, 「私は本当にそれを楽しみました。」と答えている。Yesとwasを使ったアが適切。

1 be動詞の過去形にはwasとwereがあります。主語がIや3人称単数のときは was, youや複数のときはwere を使います。現在形のbe動詞の使い分けと合わせ て覚えるとよいでしょう。

2 「○○は〜でした。」「○○は〜にいました。」というbe動詞の過去の文では，主 語の人称と単複を確認してwasとwere を使い分けましょう。

3 「○○は〜ではありませんでした。」「○○は〜にいませんでした。」というbe 動詞の過去の否定文は，be動詞was, wereのあとにnotを置きます。was notは wasn't, were notはweren't と短縮することができます。

4 「○○は〜でしたか。」「○○は〜にいましたか。」というbe動詞の過去の疑問文は， be動詞was, were を文頭に置きます。

5 be動詞の過去の疑問文に対する答え方は，Yesのときは〈Yes, 主語＋was[were].〉, Noのときは〈No, 主語＋was[were]＋not.〉と表します。答えるときは，主語を代 名詞に置きかえることに注意しましょう。

覚えておきたい知識

【過去を表す語句】
過去の文では，ふつう過去を表す語句を文頭や文末に置く。

英語	日本語	英語	日本語
yesterday	昨日	〜 ago	〜前
last 〜	この前の〜，昨〜	this 〜	この〜，今〜
at that time	そのとき	then	そのとき

〜 ago「〜前」, last 〜「この前の，昨〜」, this 〜「この〜，今〜」は，時を 表す語句を前やあとに置く。
・1日の時間を表す語句
　this morning「今朝」, this evening「今晩」, last night「昨夜」　など
・時刻を表す語句
　five minutes ago「5分前」, an hour ago「1時間前」　など
・その他の時を表す語句
　three days ago「3日前」, last week「先週」　など

5 過去の文②

答え

1 (1) visited (2) watched (3) studied (4) lived (5) stopped

2 (1) took (2) slept (3) went (4) bought

3 (1) My sister did not[didn't] wash the dishes last night.
(2) I did not[didn't] write a letter to Rie this afternoon.
(3) Kumi did not[didn't] read a book about animals yesterday.

4 (1) Did, play (2) Did he use (3) Did they win

5 (1) ア (2) ウ (3) イ

解説

1

(1) 「～を訪れる」visit の過去形は visited。
(2) 「～を見る」watch の過去形は watched。
(3) 「～を勉強する」study の過去形は studied。y を i に変えて ed をつける。
(4) 「住んでいる」live の過去形は lived。
(5) 「立ち止まる」stop の過去形は stopped。p を重ねて ed をつける。

2

不規則動詞の過去の文。
(1) 「～を撮る」take の過去形は took。
(2) 「眠る」sleep の過去形は slept。
(3) 「行く」go の過去形は went。
(4) 「～を買う」buy の過去形は bought。

3

(1) 「私の姉[妹]は昨夜、皿を洗いませんでした。」一般動詞の原形の前に did not[didn't] を置く。washed の原形は wash。
(2) 「私は今日の午後、リエに手紙を書きませんでした。」一般動詞の原形の前に did not[didn't] を置く。wrote の原形は write。
(3) 「クミは昨日、動物についての本を読みませんでした。」read は過去形も read [réd]。主語が 3 人称単数だが、read に s がついていないので、過去の文だとわかる。一般動詞の原形の前に did not[didn't] を置く。

4

(1) 「あなたは～しましたか。」は〈Did you ＋動詞の原形 ～?〉で表す。「(スポーツなど)をする」は play。
(2) 「彼は～しましたか。」は〈Did he ＋動詞の原形 ～?〉で表す。「使う」は use。
(3) 「彼らは～しましたか。」は〈Did they ＋動詞の原形 ～?〉で表す。「勝つ」は win。

5

(1) Did ～?の文には did を使って答える。
(2) A の「若いとき、あなたのお母さんは英語を教えていましたか。」という質問に対して、B は空所のあとで、「彼女は数学の先生でした。」と答えている。No と didn't を使ったウが適切。
(3) A の「ブラウンさんはこのケーキを作りましたか。」という質問に対して、B は空所のあとで、「彼は料理が得意です。」と答えている。Yes と did を使ったイが適切。

1 「○○は～しました。」は，一般動詞の過去形を使って表します。一般動詞には規則動詞と不規則動詞があり，規則動詞の過去形は動詞の語尾にdまたはedをつけます。主語が何であっても過去形の形は変わりません。

2 不規則動詞の過去形は，動詞によって変わり方が異なるので，いろいろな英文にふれて覚えていきましょう。readのように，原形と過去形が同じ形のものもあります。

3 「○○は～しませんでした。」という一般動詞の過去の否定文は，〈主語＋did not[didn't]＋動詞の原形 ～.〉で表します。主語が何であってもdid notを使い，あとの動詞は原形を使うことに注意しましょう。

4 「○○は～しましたか。」という一般動詞の過去の疑問文は，〈Did＋主語＋動詞の原形 ～?〉で表します。主語が何であってもdidを文頭に置き，あとの動詞は原形を使うことに注意しましょう。

5 一般動詞の過去の疑問文に対する答え方は，Yesのときは〈Yes, 主語＋did.〉，Noのときは〈No, 主語＋did not[didn't].〉と表します。

📖 **覚えておきたい知識**

【規則動詞の過去形の作り方】

多くの動詞 →語尾にedをつける	stay → stay<u>ed</u> want → want<u>ed</u> など
eで終わる動詞 →語尾にdをつける	dance → dance<u>d</u> like → like<u>d</u> など
〈子音字＋y〉で終わる動詞 →yをiに変えてedをつける	carry → carr<u>ied</u> try → tr<u>ied</u> など
〈短母音＋子音字〉で終わる動詞 →最後の文字を重ねてedをつける	stop → stop<u>ped</u> plan → plan<u>ned</u> など

【不規則動詞の過去形の例】

・1文字だけ変わるもの
　come → c<u>a</u>me, sit → s<u>a</u>t, drive → dr<u>o</u>ve, swim → sw<u>a</u>m　など
・形が大きく変わるもの
　find → found, eat → ate, see → saw, think → thought　など
・原形と形が同じもの　cut → cut, hit → hit, read → read, put → put　など

6 疑問詞を使った疑問文①

答え

1 (1) What do　(2) What are　(3) Who is　(4) Who plays
2 (1) Whose　(2) Which　(3) Which　(4) Whose
3 (1) When is　(2) Where did, go　(3) When do, clean
4 (1) How　(2) Why　(3) How
5 (1) ア　(2) ウ　(3) ア　(4) ア　(5) ウ

解説

1

(1) 「何を～しますか。」は〈What do[does] ＋主語＋動詞の原形 ～?〉で表す。

(2) 「～は何ですか。」は〈What＋be動詞＋主語?〉で表す。

(3) 「～はだれですか。」は〈Who＋be動詞＋主語?〉で表す。

(4) 「だれが～しますか。」は〈Who＋一般動詞 ～?〉で表す。whoは3人称単数扱いなので，play「(曲・楽器など)を演奏する」はplaysとする。

2

(1) 「だれのもの」はwhoseで表す。

(2) 「どれ，どちら」はwhichで表す。

(3) 「AとBのどちらを～しますか。」は〈Which do[does]＋主語＋動詞の原形 ～, A or B?〉で表す。

(4) 「だれの～」は〈whose＋名詞〉で表す。

3

(1) 「いつ」はwhenで表す。主語your birthdayが単数なので，be動詞はis。

(2) 「どこへ[で]～しましたか。」は疑問詞whereを使った一般動詞の過去の疑問文。〈Where did＋主語＋動詞の原形 ～?〉で表す。「行く」はgo。

(3) 「いつ～しますか。」は疑問詞whenを使った一般動詞の現在の疑問文。〈When do[does]＋主語＋動詞の原形 ～?〉で表す。「～をそうじする」はclean。

4

(1) 「どのようにして～しますか。」は〈How do[does]＋主語＋動詞の原形 ～?〉で表す。

(2) 「なぜ」と理由をたずねるときはwhyを使う。

(3) 「～はどうですか。」と状態をたずねるときは〈How＋be動詞＋主語 ～?〉で表す。

5

(1) 「あなたのいちばん好きな教科は何ですか。」whatには具体的なものを答える。

(2) 「あなたはなぜ学校に遅れたのですか。」whyには理由を答える。

(3) 「サラは昨日の午後，どこにいましたか。」whereには場所を答える。

(4) 「あなたはどのようにして学校へ行きますか。」howには手段を答える。〈by＋交通手段〉は「～で」という意味。

(5) 「あのコンピュータはだれのものですか。」whoseには持ち主を答える。Emi'sは「エミのもの」という意味。

12

1 what は「何」，who は「だれ」という意味です。ふつうあとに be 動詞や一般動詞の疑問文の形を続けます。

2 whose は「だれの」，「だれのもの」，which は「どちら，どれ」，「どちらの，どの」という意味です。〈whose ＋名詞〉「だれの〜」や〈which ＋名詞〉「どちらの［どの］〜」のように，あとに名詞を置く場合もあるので，注意しましょう。

3 when は「いつ」という意味で，時をたずねるときに使います。where は「どこへ［で］」という意味で，場所をたずねるときに使います。

4 why は「なぜ」という意味で，理由をたずねるときに使います。how は「どのようにして」，「どんな具合で」という意味で，手段や状態などをたずねるときに使います。

5 疑問詞から始まる疑問文には，具体的な内容を示して答えます。yes や no で答えるのは，疑問詞が使われていない疑問文の場合です。

覚えておきたい知識

【疑問詞】

英語	意味	英語	意味
what	何	who	だれ
whose	だれの，だれのもの	which	どちら，どれ，どちらの，どの
when	いつ	where	どこへ［で］
why	なぜ	how	どのように，どんな具合で

【疑問詞が主語の文】

who が主語のときのたずね方や答え方に注意。

(例)「だれがこの写真を撮りましたか。」

　　　Who took this picture?

　　　〈疑問詞＋一般動詞 〜?〉の語順で，do や does，did は使わない

　　―「タクヤが撮りました。」

　　　Takuya did.

　　　〈主語＋do［does］.〉や〈主語＋did.〉で答える

答え

1 (1) What　(2) Whose　(3) Which　(4) What

2 (1) エ　(2) ア　(3) ウ　(4) オ　(5) イ

3 (1) ウ　(2) ア　(3) イ　(4) イ　(5) ア

4 (1) How many pens did you buy
(2) What sport are you good at
(3) How high is that mountain　(4) Whose house is
(5) How often do you practice the guitar
(6) Which bag is yours, this one or

解説

1

(1)(4) 「何の〜」「どんな〜」は〈what＋名詞〉で表す。

(2) 「だれの〜」は〈whose＋名詞〉で表す。

(3) 「どちらの〜」「どの〜」は〈which＋名詞〉で表す。

2

(1) How far 〜?は距離をたずねるときの表現。「どれくらいの距離ですか」という意味。

(2) How much 〜?は値段や量をたずねるときの表現。「いくらですか」という意味。

(3) How old 〜?は年齢をたずねるときの表現。「何歳ですか」という意味。

(4) How many 〜?は数をたずねるときの表現。「いくつですか」という意味。

(5) How long 〜?は長さや期間をたずねるときの表現。「どれくらいの長さですか」という意味。

3

(1) 「あなたは何色が好きですか。」具体的な色を答えたものを選ぶ。

(2) 「あなたたちはいくつのいすが必要ですか。」数を答えたものを選ぶ。

(3) 「あなたはどの写真を撮りましたか。」どれかを答えたものを選ぶ。

(4) 「あれらはだれのノートですか。」だれのものかを答えたものを選ぶ。

(5) 「このジャケットはいくらですか。」値段を答えたものを選ぶ。

4

(1) 「いくつの〜」は〈how many＋名詞の複数形〉で表す。

(2) 「何の〜」「どんな〜」は〈what＋名詞〉で表す。「〜がじょうず[得意]だ」はbe good at 〜。

(3) 「どれくらいの高さ」はhow highで表す。

(4) 「だれの〜」は〈whose＋名詞〉で表す。

(5) 「何回」はhow oftenで表す。

(6) 「どちらの〜」「どの〜」は〈which＋名詞〉で表す。「AまたはB」はA or B。

1 what, which, whose はあとに名詞を続けることがあります。〈what＋名詞〉は「何の〜」「どんな〜」，〈which＋名詞〉は「どちらの〜」「どの〜」，〈whose＋名詞〉は「だれの〜」という意味です。

2 how はあとに形容詞や副詞を続けて，「どれくらい〜か」という意味を表すことができます。入試でもよく問われる表現なので，それぞれの意味と答え方をセットで覚えましょう。

3 疑問詞を使った疑問文に対して答える問題では，何についてたずねられているかを疑問詞から判断し，具体的な内容で答えます。

4 疑問詞を使った疑問文では，疑問詞を文頭に置き，疑問文の形を続けます。日本語や語群などから，あとに続く文がbe動詞の文か一般動詞の文かを見極めましょう。

覚えておきたい知識

【How＋形容詞／副詞 〜？の表現】

How old 〜? （年齢）	How old are you?「あなたは何歳ですか。」 — I'm fifteen (years old).「15歳です。」
How many 〜? （数）	How many dogs do you have? 「あなたは何匹のイヌを飼っていますか。」 — I have two.「2匹飼っています。」
How much 〜? （値段・量）	How much is this eraser? 「この消しゴムはいくらですか。」 — It's one hundred yen.「100円です。」
How long 〜? （長さ・期間）	How long did you stay in Osaka? 「あなたはどれくらい（長く）大阪に滞在しましたか。」 — For five days.「5日間です。」
How far 〜? （距離）	How far is it to the hospital? 「病院までどれくらい（の距離）ですか。」 — It's about 500 meters.「約500メートルです。」
How often 〜? （回数）	How often do you go to the library in a week? 「あなたは1週間に何回図書館に行きますか。」 — Twice a week.「1週間に2回です。」

8 いろいろな疑問文

答え

1 (1) who he is
(2) how Saki comes to school
(3) what we should do
(4) didn't know who won the game
(5) how old her brother is
(6) remember what sport Bob plays

2 (1) aren't you　(2) don't you　(3) can't she　(4) were they
(5) does he

3 (1) Aren't　(2) Isn't　(3) Don't you　(4) Didn't / No
(5) Won't / Yes, will

解説

1

(1) 「～がだれなのか」は間接疑問〈who＋主語＋動詞〉で表す。

(2) 「どうやって～か」は間接疑問〈how＋主語＋動詞〉で表す。

(3) 「…は何を～すべきか」は間接疑問〈what＋主語＋should＋動詞〉で表す。

(4) Tom didn't know「トムは知りませんでした」で文を始める。「だれがその試合に勝ったのか」は間接疑問で表す。ここでは，疑問詞が主語なので，〈who＋動詞〉の語順にする。

(5) 「彼女のお兄さんが何歳なのか」はhow old を使って間接疑問で表す。

(6) Do you remember「あなたは覚えていますか」で文を始める。「ボブが何のスポーツをするか」は〈what＋名詞(sport)〉を使って間接疑問で表す。

2

(1)～(3) 肯定文の付加疑問。文末に〈～,（コンマ）＋否定の短縮形＋代名詞?〉を置く。

(4)(5) 否定文の付加疑問。文末に〈～,（コンマ）＋肯定形＋代名詞?〉を置く。

3

「～ないのですか。」は否定疑問文〈否定の短縮形＋主語 ～?〉で表す。

(1) be動詞の現在の文。主語がyou なので，are を使う。否定の短縮形Aren't を文頭に置き，Aren't you とする。

(2) be動詞の現在の文。主語がTom なので，is を使う。否定の短縮形Isn't を文頭に置き，Isn't Tom とする。

(3) 一般動詞の現在の文。主語がyou なので，do を使う。否定の短縮形Don't を文頭に置き，Don't you とする。

(4) 一般動詞の過去の文。否定の短縮形Didn't を文頭に置く。答えの文の内容は否定なので，No を使って答える。

(5) 未来を表すwill の文。否定の短縮形Won't を文頭に置く。答えの文の内容は肯定なので，Yes を使って答え，Yes, we will. とする。

1 疑問詞で始まる文が目的語になる間接疑問文は，〈疑問詞＋主語＋（助）動詞〉の語順で表します。疑問詞のあとは〈主語＋（助）動詞〉の順になることがポイントです。〈what＋名詞〉や〈how＋形容詞[副詞]〉のように，疑問詞のあとに名詞や形容詞[副詞]を置くこともあります。

2 相手に確認や同意を求めて「○○は～ですね[ではないですね]。」と言うときは，付加疑問文で表します。肯定文のときは，文末に〈～,（コンマ）＋否定の短縮形＋代名詞?〉を，否定文のときは，文末に〈～,（コンマ）＋肯定形＋代名詞?〉を置きます。前の文の主語の単複や，現在や過去などの時制に合わせることに注意しましょう。

3 「○○は～ないのですか。」と否定の意味がある疑問文は，否定疑問文〈否定の短縮形＋主語 ～?〉で表します。答えるときは，肯定の内容ならYes，否定の内容ならNoを使って答えます。この場合，日本語ではYesは「いいえ」，Noは「はい」の意味となることに注意しましょう。

覚えておきたい知識

【間接疑問文】

I want to know. + Where does Nancy live?

　　　　　　　　　　　　　　↓〈疑問詞＋主語＋動詞〉の語順にする

→ I want to know where Nancy lives.

　　　　　「私はナンシーが どこに 住んでいるか知りたいです。」

【付加疑問文】

・肯定文のとき

　Ms. Sato has a big car, doesn't she?

前の文の主語を代名詞にすることに注意。

　　　　〈～,＋否定の短縮形＋代名詞?〉

　　　　　　　「サトウ先生は大きな車を持っていますね。」

・否定文のとき

　Ms. Sato doesn't have a big car, does she?

　　　　　〈～,＋肯定形＋代名詞?〉

　　　　　　　「サトウ先生は大きな車を持っていませんね。」

【否定疑問文】

Don't you speak Chinese? 「あなたは中国語を話さないのですか。」

— Yes, I do.「いいえ，話します。」 → 肯定の内容は Yes で答える

— No, I don't.「はい，話しません。」 → 否定の内容は No で答える

答え

1 (1) am watching　　(2) are doing　　(3) are dancing
2 (1) I'm[I am] not practicing basketball now.
　　(2) My sister is not[isn't] cutting paper now.
　　(3) Bob and Ken are not[aren't] eating lunch now.
3 (1) is　　(2) Is　　(3) we aren't[we're not]　　(4) Are / they
4 (1) was using　　(2) were sitting　　(3) were studying
5 (1) Takuya was not[wasn't] talking with Mr. Sato.
　　(2) Kevin and John were not[weren't] swimming in the river.
　　(3) The girls were not[weren't] listening to music at that time.
6 (1) wasn't　　(2) Were / we were　　(3) Was / he was　　(4) Were / Yes

解説

1

「～しています」は現在進行形〈is[am, are]＋動詞のing形〉で表す。
(1) 主語がIなので，be動詞はam。watchのing形はwatching。
(2) 主語が複数なので，be動詞はare。doのing形はdoing。
(3) 主語がWeなので，be動詞はare。danceのing形はdancing。

2

現在進行形の否定文は，be動詞のあとにnotを置く。短縮形を使ってもよい。

3

現在進行形の疑問文。
(2) 天候を表す文の主語itから，be動詞isを文頭に置き，Is it ～?とする。
(3) Are ～?にはareを使って答える。主語にyouがあるので，答えるときはweで受ける。
(4) 主語が複数なので，be動詞areを文頭に置く。答えるときはtheyで受ける。

4

「～していました」は過去進行形〈was [were]＋動詞のing形〉で表す。
(1) 主語がIなので，be動詞はwas。useのing形はusing。
(2) 主語が複数なので，be動詞はwere。sitのing形はsitting。
(3) 主語がWeなので，be動詞はwere。studyのing形はstudying。

5

過去進行形の否定文は，be動詞のあとにnotを置く。短縮形を使ってもよい。

6

(1) Was ～?にはwasを使って答える。
(2) 主語が複数なので，be動詞wereを文頭に置く。答えるときはweで受ける。
(3) 主語が3人称単数なので，be動詞wasを文頭に置く。wasを使って答える。
(4) 主語がyouなので，be動詞wereを文頭に置く。I wasから，Yesを入れる。

1 「○○は〜しています。」,「○○は〜しているところです。」という進行中の動作を表す現在進行形の文は,〈主語＋is[am, are]＋動詞のing形 〜.〉で表します。主語の人称と単複を確認してis, am, areを使い分けましょう。

2 現在進行形の否定文「○○は〜していません。」,「○○は〜しているところではありません。」では,be動詞の現在の文と同じく,is, am, areのあとにnotを置きます。is notはisn't, are notはaren'tと短縮することができます。

3 現在進行形の疑問文「○○は〜していますか。」,「○○は〜しているところですか。」では,be動詞is, am, areを文頭に置きます。動詞はing形のままで,答えるときもbe動詞を使います。

4 「○○は〜していました。」,「○○は〜しているところでした。」という過去進行形の文は,〈主語＋was[were]＋動詞のing形 〜.〉で表します。主語の人称と単複を確認してwas, wereを使い分けましょう。

5 過去進行形の否定文「○○は〜していませんでした。」,「○○は〜しているところではありませんでした。」では,be動詞was, wereのあとにnotを置きます。was notはwasn't, were notはweren'tと短縮することができます。

6 過去進行形の疑問文「○○は〜していましたか。」,「○○は〜しているところでしたか。」では,be動詞was, wereを文頭に置きます。答えるときもwas, wereを使います。

覚えておきたい知識

【動詞のing形の作り方】

多くの動詞 →語尾にingをつける	read → reading watch → watching　など
eで終わる動詞 →eをとってingをつける	make → making take → taking　など
〈短母音＋子音字〉で終わる動詞 →最後の文字を重ねてingをつける	run → running swim → swimming　など

答え

1 (1) am　(2) are　(3) play
2 (1) I'm[I am] not going to meet my grandmother this afternoon.
　(2) It is not[It's not / It isn't] going to be sunny tonight.
　(3) We are not[We're not / We aren't] going to go to the park tomorrow morning.
3 (1) I am　(2) isn't　(3) Is, going / is　(4) Are, to / aren't
4 (1) will join　(2) will be　(3) He'll
5 (1) I will not[won't] go to the summer festival with my sister.
　(2) It'll not[It won't / It will not] snow this weekend.
　(3) Kate and Shin will not[won't] come here at five.
6 (1) I will　(2) won't　(3) Will / they will　(4) we won't[we'll not]

解説

1

未来の文〈be going to＋動詞の原形 ～〉で表す。
(1) 主語が I なので, be 動詞は am。
(2) 主語が複数なので, be 動詞は are。
(3) 主語が何であっても, to のあとの動詞は原形にする。

2

未来を表す〈be going to＋動詞の原形 ～〉の否定文は, be 動詞のあとに not を置く。短縮形を使ってもよい。

3

(1) Are you ～?には, Yes, I am.または No, I'm not. で答える。
(2) Is ～?には is を使って答える。
(3) 主語が3人称単数なので, be 動詞 is を文頭に置く。
(4) 主語が複数なので, be 動詞 are を文頭に置く。答えの文は they で受けるので, are を使って答える。

4

「～するつもりです」,「～するでしょう」は,〈will＋動詞の原形 ～〉で表す。
(1) 「～に参加する」は join。
(2) busy「忙しい」は形容詞なので, will のあとには be 動詞の原形 be を置く。
(3) 解答欄の数から, 短縮形 He'll を入れる。

5

未来を表す will の否定文は, will のあとに not を置く。will not の短縮形 won't を使ってもよい。〈主語＋will〉の短縮形にも注意する。

6

未来を表す will の疑問文は, will を文頭に置く。答えるときは will を使って,〈Yes, 主語＋will.〉または〈No, 主語＋won't.〉と言う。

1 「○○は〜するつもりです。」と，すでに予定していたことや計画していたことについて言うときは，〈主語＋be動詞＋going to＋動詞の原形 〜.〉で表します。toのあとの動詞は，主語が何であっても形が変わらないことに注意しましょう。

2 be going to 〜を使った未来の否定文「○○は〜するつもりではありません。」は，be動詞のあとにnotを置き，〈主語＋be動詞＋not going to＋動詞の原形 〜.〉で表します。

3 be going to 〜を使った未来の疑問文「○○は〜するつもりですか。」は，be動詞を文頭に置き，〈be動詞＋主語＋going to＋動詞の原形 〜?〉で表します。

4 「○○は〜するつもりです。」，「○○は〜でしょう。」と，今決めた未来のこと，予測や意思について言うときは，〈主語＋will＋動詞の原形 〜.〉で表します。〈主語＋will〉はI'llやShe'llのように短縮することができます。

5 willを使った未来の否定文「○○は〜するつもりではありません。」，「○○は〜ないでしょう。」は，willのあとにnotを置きます。will notはwon'tと短縮することができます。

6 willを使った未来の疑問文「○○は〜するつもりですか。」，「○○は〜でしょうか。」は，willを文頭に置きます。willの疑問文に対する答え方は，Yesのときは，〈Yes, 主語＋will.〉，Noのときは，〈No, 主語＋won't.〉と表します。

📔 **覚えておきたい知識**

【未来を表す語句】
未来の文では，ふつう未来を表す語句を文頭や文末に置く。

英語	日本語	英語	日本語
tomorrow	明日	next 〜	次の〜，今度の〜
tonight	今夜	〜 later	〜後
this 〜	この〜，今〜	in the future	将来(に)

【be going to 〜とwillの違い】
・be going to 〜…すでに予定していたことや計画していたことを表す。
　（例）I'm going to move to Tokyo next week.「私は来週，東京に引っ越すつもりです。」
・will…今決めた未来のこと，予測や意思について表す。
　（例）I'll go home now.「私は今，家に帰るつもりです。」

11 There is ～. の文

答え

1 (1) is, on　(2) There are　(3) are, under　(4) There is, water
2 (1) There is not[isn't] a flower shop between our school and the library.
(2) There are not[aren't] a few pens in the pencil case.
(3) There are not[aren't] many people at the station today.
(4) There is not[isn't] any milk in the bottle.
3 (1) Is, near / is　(2) Are there, on / there
(3) How many, there / four
4 (1) There was　(2) There were, front　(3) weren't
(4) Was there, next　(5) How many, there / There

解説

1

「～があります。」,「～がいます。」は
There is[are] ～.で表す。
(1) あとに続く語句が単数なので, There
isとする。「～の上に」はon。
(2)(3) あとに続く語句が複数なので,
There are とする。「～の下に」は
under。
(4) water「水」は数えられない名詞な
ので, 単数扱い。There isとする。

2

There is[are] ～.の否定文にする。is,
areのあとにnotを置く。短縮形を使って
もよい。
(4) someは, 否定文や疑問文ではanyに
する。

3

There is[are] ～.の疑問文。
(1) あとに続く語句が単数なので, Is
thereとする。「～の近くに」はnear。
答えるときもisを使う。

(2) あとに続く語句が複数なので, Are
thereとする。「壁に」はon the wall。
答えるときもthereを使う。
(3) 「いくつの～」は〈how many＋名詞
の複数形〉で表す。あとに疑問文の語
順を続ける。「4(つの)」はfour。

4

(1)(2) There is[are] ～.の過去の文。
(1)はあとに続く語句が単数なので, be
動詞はwas, (2)は複数なので, be動詞
はwere。「～の前に」はin front of ～。
(3) There is[are] ～.の過去の否定文。
There was[were] not ～.で表す。あ
とに続く語句が複数なので, were not
となるが, 解答欄の数から, 短縮形
weren'tを入れる。
(4) There is[are] ～.の過去の疑問文。
Was[Were] there ～?で表す。あとに
続く語句が単数なので, Was there。
「～のとなりに」はnext to ～。
(5) 「いくつの～」は〈how many＋名詞
の複数形〉で表す。あとに疑問文の語
順を続ける。

22

1 「○○があります。」，「○○がいます。」と，あるものや人の存在などを示すときは，There is[are] ～.で表します。あとに続く語句の単複を確認してis, areを使い分けましょう。There is[are] ～.の文は，聞き手に新しい情報を伝えるときに使い，すでに話題にしている内容や特定のものを表す内容などには使いません。

2 There is[are] ～.の現在の否定文「○○がありません。」，「○○がいません。」では，be動詞is, areのあとにnotを置きます。is notはisn't, are notはaren'tと短縮することができます。

3 There is[are] ～.の現在の疑問文「○○がありますか。」，「○○がいますか。」では，be動詞is, areを文頭に置きます。数をたずねる表現〈how many＋名詞の複数形〉をいっしょに使うことも多いです。

4 There is[are] ～.の過去の文「○○がありました。」，「○○がいました。」では，be動詞の過去形was, wereを使います。否定文や疑問文の作り方は，現在の文と同じです。

📖 **覚えておきたい知識**

【場所を表す前置詞】
There is[are] ～.の文ではふつう，文末に場所を表す語句を置く。場所を表すときは，次のような前置詞を名詞の前に置く。

英語	日本語	英語	日本語
on	～の上に	in	～の中に
under	～の下に	in front of ～	～の前に
behind	～の後ろに	near	～の近くに
by	～のそばに	around	～のまわりに
next to ～	～のとなりに	between A and B	AとBの間に

【特定のものを表す語句】
固有名詞，〈the＋名詞〉，〈所有格＋名詞〉など，あとに続く語句が特定のものを表すときは，There is[are] ～.の文は使わない。

(例)「日本には富士山があります。」

×　There is Mt. Fuji in Japan.

　　　Mt. Fujiは固有名詞なので，There is[are] ～.は不可

○　Mt. Fuji is in Japan.

答え

1 (1) an / The　(2) the　(3) a　(4) ×　(5) × / ×
2 (1) glasses　(2) children　(3) girls　(4) water　(5) cities
3 (1) Those, ours　(2) something　(3) anything　(4) His
4 (1) much　(2) a few　(3) little
5 (1) well　(2) early　(3) sometimes

解説

1

(1)(3)　不特定のものや人について「1つの〜」，「1人の〜」と言うときは，名詞の前にaやanを置く。(1)のorangeのように，母音で始まる語の前にはanを置く。また，すでに話題に出たものや人について「その〜」と言うときは，名詞の前にtheを置く。

(2)　「〜を演奏する」は〈play the ＋楽器〉。

(4)　数えられない名詞の前にはa，anを置かない。また，スポーツを表す名詞の前にはtheを置かない。

(5)　「学校へ行く」はgo to school，「自転車で」はby bike。

2

(1)〜(3)　「2」以上の数を表す語があるので，あとの数えられる名詞は複数形。

(1)　glassの複数形はglasses。語尾にesをつける。

(2)　childの複数形はchildren。

(3)　girlの複数形はgirls。語尾にsをつける。

(4)　waterは数えられない名詞なので，形は変わらない。

(5)　These「これらの〜」があるので，複数形にする。cityの複数形はcities。yをiに変えてesをつける。

3

(1)　「あれらの」はthose，「私たちのもの」はours。

(2)(3)　「何か」はsomething。否定文や疑問文ではふつうanythingを使う。

(4)　「彼の〜」はhis。

4

(1)　「たくさんの〜」はmany，much，a lot of 〜で表せる。snowは数えられない名詞なので，解答欄の数から，muchを入れる。

(2)　「少数の〜」，「いくつかの〜」はsomeやa few 〜などで表せる。解答欄の数から，a fewを入れる。

(3)　「ほとんど〜ない」はfew 〜かlittle 〜で表せる。timeは数えられない名詞なので，littleを入れる。

5

(1)　「じょうずに」はwell。goodは「じょうずな，よい」という意味の形容詞。

(2)　「(時間が)早く」はearly。fastは「(速度が)速く」という意味。

(3)　「ときどき」はsometimes。alwaysは「いつも」。頻度を表す副詞はほかに，usually「たいてい，ふつう」，often「しばしば，よく」などがある。

1 名詞の前にはふつう，a，an「1つの～」，「1人の～」やthe「その～」を置きます。数えられない名詞や固有名詞など，aやanを置かないものもあるので，それらを区別できるようにしましょう。

2 ものや人が2つ[人]以上あるときは，数えられる名詞であればsまたはesをつけて複数形にします。数えられない名詞は複数形にしません。数えられない名詞は単数扱いであることをおさえておきましょう。

3 代名詞は，名詞のくりかえしを避けるために使います。人称代名詞にはたくさんの種類があるので，表などに整理して覚えるとよいでしょう。

4 数量を表す形容詞には，あとに続く名詞が数えられるか数えられないかで使い分けるものがあります。名詞の種類を確認して，適切な形容詞を考えましょう。

5 副詞は時，場所，程度，頻度などを表し，動詞や形容詞，ほかの副詞を修飾します。時や場所，程度を表す副詞はふつう文頭や文末に，頻度を表す副詞はふつう一般動詞の直前やbe動詞の直後に置きます。

覚えておきたい知識

【人称代名詞の種類】

		主格 （～は，～が）	所有格 （～の）	目的格 （～を，～に）	所有代名詞 （～のもの）
単　数					
1人称	私	I	my	me	mine
2人称	あなた	you	your	you	yours
3人称	彼	he	his	him	his
	彼女	she	her	her	hers
	それ	it	its	it	—
複　数					
1人称	私たち	we	our	us	ours
2人称	あなたたち	you	your	you	yours
3人称	彼ら，彼女ら，それら	they	their	them	theirs

13 助動詞

答え

1 (1) can speak　(2) cannot[can't] run　(3) Can, drive
2 (1) should　(2) May　(3) must　(4) had to
3 (1) You should not[shouldn't] talk with your friends in class.
　(2) Mari does not[doesn't] have to go to school today.
　(3) We did not[didn't] have to leave home at 6:00 yesterday.
4 (1) Must I / don't, to　(2) Should we / should　(3) Do, to / do
5 (1) you　(2) Can[May]　(3) please　(4) Shall we

解説

1
(1) 「〜することができます」は〈can＋動詞の原形 〜〉で表す。主語が何であっても動詞は原形。
(2) 「〜することができません」は〈cannot[can't]＋動詞の原形 〜〉で表す。
(3) 「〜することができますか。」は〈Can＋主語＋動詞の原形 〜?〉で表す。

2
(1) 「〜すべきだ」はshould 〜。
(2) 「〜してもよい」はmay 〜。
(3) 「〜しなければならない」はmust 〜。
(4) 「〜しなければならなかった」は過去形なので，must 〜ではなくhad to 〜で表す。

3
(1) shouldの否定文はあとにnotを置く。短縮形shouldn'tを使ってもよい。
(2) have[has] to 〜の否定文はdon't[doesn't] have to 〜。
(3) had to 〜の否定文はdidn't have to 〜。

4
(1) 「〜しなければなりませんか」はMustを文頭に置く。答えるときは，〈Yes, 主語＋must.〉または〈No, 主語＋don't[doesn't] have to.〉と言う。
(2) 「〜すべきですか」はshouldを文頭に置く。答えるときもshouldを使う。
(3) 「〜しなければなりませんか。」は〈Do[Does]＋主語＋have to＋動詞の原形 〜?〉でも表せる。答えるときはdoやdoesを使う。

5
(1) 相手に依頼するときは，Will you 〜?「〜してくれませんか。」で表す。Sure.は「もちろんです。」という意味。
(2) 許可を求めるときはCan[May] I 〜?「〜してもよいですか。」で表す。
(3) Shall I 〜?は「（私が）〜しましょうか。」という意味。答えるときは，Yes, please.やNo, thank you.と言う。
(4) 相手を誘うときは，Shall we 〜?「（私たちは）〜しましょうか。」で表す。

1 「○○は〜することができます。」は，〈主語＋can＋動詞の原形 〜.〉で表します。否定文は動詞の原形の前にcannot[can't]を置き，疑問文ではcanを文頭に置きます。canのように助動詞を使った文では，主語が何であっても動詞は原形を使います。

2 助動詞は，動詞にいろいろな意味を付け加えることができます。shouldは義務や助言，mayは許可や推量，mustは義務や推量を表します。

3 助動詞の否定文は，助動詞のあとにnotを置きます。have[has] to 〜の否定文は，haveの前に主語や時制に合わせて，don't[doesn't]やdidn'tなどを置きます。must notは「〜してはいけません」と禁止の意味，don't[doesn't] have to 〜は「〜する必要はありません」と不要の意味を表すことに注意しましょう。

4 助動詞の疑問文は，助動詞を文頭に置きます。have[has] to 〜の疑問文は，一般動詞の疑問文と同じく，Do[Does]やDidなどを文頭に置きます。

5 助動詞を使った疑問文は，依頼や許可，提案，勧誘などの意味を表すこともできます。それぞれの形と意味を確認しておきましょう。

📖 **覚えておきたい知識**

【助動詞】

英語	日本語
can	〜することができる〈可能〉
should	〜すべきである〈義務〉 〜したほうがよい〈助言〉
may	〜してもよい〈許可〉 〜かもしれない〈推量〉
must	〜しなければならない〈義務〉 〜にちがいない〈推量〉

> ていねいな言い方は，Would[Could] you 〜?を使い，「〜してくださいませんか。」という意味になる。

【助動詞を使ったいろいろな表現】
・〈依頼〉 Will[Can] you 〜? 「〜してくれませんか。」
・〈許可〉 Can[May] I 〜? 「〜してもよいですか。」
・〈提案〉 Shall I 〜? 「(私が)〜しましょうか。」
・〈勧誘〉 Shall we 〜? 「(私たちは)〜しましょうか。」

答え

1 (1) or　(2) and　(3) but　(4) so　(5) and
2 (1) that　(2) If　(3) When　(4) after　(5) because
　　(6) Because　(7) if　(8) that　(9) Before　(10) though
3 (1) Both, and　(2) Either, or　(3) soon as　(4) only, but
　　(5) so, that　(6) not, but

解説

1

語句と語句，文と文をつなぐときは接続詞を使う。解答欄の前後の内容から，どの接続詞を使うか判断する。

(1)　「〜かそれとも…」は〜 or ...。

(2)(5)　「〜と…」は〜 and ...。and は文と文をつないで，「そして」という意味もある。

(3)　「しかし」は but。前後で対照的な内容を表す。

(4)　「だから」は so。so 以下が，前の内容の結果を表す。

2

(1)(8)　一般動詞や形容詞のあとに that を置くと，「〜ということ」という意味を表す。この that は省略することができる。

(2)(7)　「もし〜ならば」と条件を表すときは，〈if＋主語＋動詞 〜〉を使う。if 〜を文頭に置くときは，文と文の間にコンマ〈,〉を置く。

(3)　「〜するとき」は，〈when＋主語＋動詞 〜〉で表す。when 〜は文の後半に置くこともできる。

(4)　「〜したあとで」は，〈after＋主語＋動詞 〜〉で表す。after 〜は文頭に置くこともできる。

(5)(6)　「〜だから」，「〜なので」と理由を説明するときは，〈because＋主語＋動詞 〜〉を使う。文と文をつなぐ働きのほかに，Why 〜?「なぜ〜。」に対して，Because 〜.「〜だからです。」と答えることもできる。

(9)　「〜する前に」は，〈before＋主語＋動詞 〜〉で表す。before 〜は文の後半に置くこともできる。

(10)　「〜だけれども」は，〈though＋主語＋動詞 〜〉で表す。

3

(1)　「AもBも両方」は both A and B。

(2)　「AかBのどちらか」は either A or B。either A or B が主語のとき，動詞の形はBに合わせる。

(3)　「〜するとすぐに」は as soon as 〜。

(4)　「AだけでなくBもまた」は not only A but (also) B。

(5)　「とても〜なので…だ」は so 〜 that ...。

(6)　「AではなくB」は not A but B。

1 接続詞は，語句と語句や文と文をつなぐ働きがあります。文と文をつなぐとき，主語が前後で同じ場合は，あとの文の主語を省略することがあります。

2 接続詞には，条件，時，理由，譲歩などの意味を表すものがあります。英文と日本語を対応させて，前後の内容から，適切な接続詞を選べるようになることが大切です。

3 接続詞は，ほかの語と結びついていろいろな意味を表すことができます。入試でもよく問われる表現なので，それぞれの表現と意味をまとめて覚えておきましょう。

覚えておきたい知識

【時，条件，理由，譲歩を表す接続詞】

・時を表す接続詞
　when ～「～するとき」
　before ～「～する前に」，after ～「～したあとで」
・条件を表す接続詞
　if ～「もし～ならば」
・理由を表す接続詞
　because ～「～だから」，「～なので」
・譲歩を表す接続詞
　though ～，although ～
　「～だけれども」

> 時や条件を表す接続詞をふくむかたまりでは，未来のことでも現在形を使う。
> (例)「もし明日晴れたら」
> 　× 　if it will be sunny tomorrow
> 　○ 　if it is sunny tomorrow
> 　　　　　　現在形

【接続詞を使ったいろいろな表現】

英語	日本語
both A and B	AもBも両方
either A or B	AかBのどちらか
not only A but (also) B	AだけでなくBもまた
not A but B	AではなくB
as soon as ～	～するとすぐに
so ～ that ...	とても～なので…だ

15 前置詞

本冊 P32, 33

答え

1 (1) before (2) until (3) for (4) in (5) during
2 (1) under (2) on (3) between, and (4) in front (5) by
3 (1) in (2) like (3) by (4) without (5) as
4 (1) interested in American history
(2) was looking for a racket then
(3) Are you good at
(4) take care of my dog

解説

1

(1) 「～の前に」は before ～，「～のあとに」は after ～。

(2) 「～まで(ずっと)」と継続を表すときは，until[till] ～で表す。by ～は「～までに」と期限を表す。

(3)(5) 「～の間」は for ～または during ～で表す。for のあとには時間の長さを表す語句，during のあとには特定の期間を表す語句を続ける。

(4) 「～に」は at ～，in ～，on ～で表す。ここでは，あとに月名が続くので，in を選ぶ。at のあとには時刻，on のあとには曜日や日付を続ける。

2

(1) 「木の下にいる」は「木の下の」と考える。「～の下の[に]」は under ～。

(2) 「～の上に」は on ～。

(3) 「A と B の間に」は between A and B，「(3 つ以上のもの[人])の間に」は among ～。

(4) 「～の前に」は in front of ～。反意語は behind ～「～の後ろに」。

(5) 「～のそばに」は by ～。

3

(1)(3) 「～で」と手段を表すときは，in ～や by ～などで表す。in のあとには言語名，by のあとには交通手段を続ける。

(2) 「～のような[に]」は like ～。この like は一般動詞ではなく，前置詞。

(4) 「傘を持たずに」は「傘なしで」と考える。「～なしで」は without ～。反意語は with ～「～を持っている」。

(5) 「～として」は as ～。

4

(1) 「～に興味を持っている」は be interested in ～。

(2) 「～していました」は過去進行形〈was[were]＋動詞の ing 形〉で表す。「～をさがす」は look for ～。

(3) be 動詞の現在の疑問文。Are you で文を始める。「～が得意だ」は be good at ～。

(4) 「～の世話をする」は take care of ～。look after ～も同意。Can you ～? は「～してくれませんか。」という依頼の意味。

1 時を表す前置詞には，さまざまな種類があります。意味が似ている語や対の意味を表す語をセットで覚えましょう。forやduringなどのように意味が似ている語は，あとにくる語句によって使い分けることに注意しましょう。

2 場所を表す前置詞は，位置を具体的にイメージすると覚えやすいです。in front of ～「～の前に」やbetween A and B「AとBの間に」のように，2語以上の語句の場合もあります。

3 前置詞の中には，withやby，asなどのように，複数の意味や働きを持つものがあります。例文とともにそれぞれの意味や働きを覚えましょう。

4 be interested in ～「～に興味を持っている」，take care of ～「～の世話をする」など，前置詞といっしょに使われる熟語は入試でよく出題されるので，代表的な熟語をおさえておきましょう。

📖 **覚えておきたい知識**

【at，on，inの使い分け】
時について，「～に」と言うときは，at ～，on ～またはin ～で表す。下の表のように，あとに続く語句によって使い分ける。

用法	例
〈at＋時刻〉	at 3:00 p.m.「午後3時に」
〈on＋曜日，日付〉	on Wednesday「水曜日に」 on November 3rd「11月3日に」
〈in＋月,季節,年,世紀〉	in July「7月に」，in summer「夏に」 in 2023「2023年に」，in the 21st century「21世紀に」

【onとoverの使い分け】
「～の上に」はon ～やover ～などで表す。ものや人に接している場合はon，ものや人に接していない場合はoverを使う。

　（例）「1匹のネコがベッドの上で眠っています。」 A cat is sleeping <u>on</u> the bed.
　　　　　　　　　　　　　　　　　　　　　ネコはベッドに接している

　（例）「1羽の鳥が私の家の上を飛んでいます。」 A bird is flying <u>over</u> my house.
　　　　　　　　　　　　　　　　　　　　　鳥は家には接していない

31

答え

1 (1) to play　(2) want to　(3) to travel　(4) To listen
2 (1) to eat　(2) places to visit　(3) nothing to do
3 (1) visited Tokyo to see my friends
　　(2) am glad to see you　(3) To walk my dog
4 (1) enjoyed taking　(2) Studying, is　(3) is running
5 (1) to become　(2) drawing　(3) to work
6 (1) How[What] about　(2) for coming　(3) without eating[having]

解説

1

(1)(2) 「～することが好きである」はlike to ～，「～したい」はwant to ～。

(3)(4) 「～すること」は不定詞の名詞的用法で表し，〈to＋動詞の原形〉とする。

2

「～するための」，「～すべき」は不定詞の形容詞的用法で表す。〈(代)名詞＋to＋動詞の原形〉の語順。

(1) 「食べるもの」は「食べるためのもの」と考えて，something to eatとする。

(2) 解答欄の前にmany「たくさんの」があるので，place「場所」は複数形にして，あとにto visit「訪れるべき」を置く。

(3) 「何も～ない」はnothing。あとにto do「すべき」を置く。

3

(1)(3) 「～するために」は不定詞の副詞的用法で表す。(3)のように，Why ...?に対してTo ～.で動作の目的を答えることもできる。

(2) 「～して…」と，感情の原因や理由を表すときは，不定詞の副詞的用法で

表し，〈形容詞＋to＋動詞の原形 ～〉の語順で表す。

4

(1) 「～して楽しむ」はenjoy ～ing。

(2)(3) 「～すること」は不定詞か動名詞で表すが，ここでは解答欄の数から判断して動名詞〈動詞のing形〉にする。(2)のように，動名詞が主語になる場合は単数扱いなので，(2)の2つ目の解答欄にはbe動詞isを入れる。

5

(1)(3) decide, hopeなどの動詞には，不定詞を続ける。

(2) finishなどの動詞には，動名詞を続ける。

6

(1) 「～するのはどうですか。」はHow[What] about ～ing?。

(2) 「～してくれてありがとう。」はThank you for ～ing.。forなどの前置詞のあとに動詞を続けるときは，動名詞の形にするので，come「来る」はcomingとする。

(3) 「～せずに」はwithout ～ing。

1 「～すること」は不定詞〈to＋動詞の原形〉の名詞的用法で表します。一般動詞の目的語，文の主語や補語の働きをします。

2 「～するための」，「～すべき」は不定詞の形容詞的用法で表します。名詞や代名詞のあとに〈to＋動詞の原形〉を続けます。語順に注意しましょう。

3 「～するために」と動作の目的を表すときは不定詞の副詞的用法で表します。また，「～して…」と感情の原因や理由を表すときは，形容詞のあとに〈to＋動詞の原形〉を続けます。happy や surprised など，感情を表す形容詞といっしょに覚えましょう。

4 「～すること」は動名詞〈動詞の ing 形〉で表すこともできます。一般動詞の目的語，文の主語や補語の働きをします。

5 一般動詞には，不定詞だけを目的語にとるもの，動名詞だけを目的語にとるもの，不定詞と動名詞のどちらも目的語にとるものがあります。使い分けに注意しましょう。

6 動名詞は名詞の働きをし，前置詞のあとに置くことができます。前置詞のあとに不定詞がくることはありません。

📖 **覚えておきたい知識**

【不定詞と動名詞】

不定詞の名詞的用法も動名詞も，どちらも「～すること」という意味を表すが，一般動詞のあとに続けるときは，使い分けに注意。

不定詞だけを目的語にとる動詞	decide, hope, want, wish　など
動名詞だけを目的語にとる動詞	enjoy, finish など
不定詞と動名詞のどちらも目的語にとる動詞	like, love, start, begin　など

(例)「あなたたちはパーティーで歌を歌って楽しみましたか。」

× Did you <u>enjoy to sing</u> songs at the party?

　　　　　enjoy のあとに不定詞〈to ＋動詞の原形〉を置くことはできない

○ Did you enjoy singing songs at the party?

答え

1 (1)　important to read books
(2)　It was fun for me to talk with
(3)　Is it difficult for you to speak

2 (1)　how to　　(2)　what to do　　(3)　which bus to　　(4)　where to sit

3 (1)　tells me to　　(2)　want you to　　(3)　asked me to

4 (1)　Let me introduce myself
(2)　made my sister wash the dishes
(3)　helped me write a letter

5 (1)　too, to　　(2)　old enough to　　(3)　too, me to

解説

1

(1)　「～することは…です。」は〈It is … to＋動詞の原形 ～.〉で表す。

(2)　「～することは(人)にとって…です。」は〈It is … for＋人＋to＋動詞の原形 ～.〉で表す。

(3)　疑問文なので，be動詞Isを文頭に置く。

2

(1)　「～のしかた」，「～する方法」は〈how to＋動詞の原形 ～〉で表す。

(2)　「何を～するべきか」は〈what to＋動詞の原形 ～〉で表す。

(3)　「どの～」は〈which＋名詞〉で表す。

(4)　「どこに～するべきか」は〈where to＋動詞の原形 ～〉で表す。

3

(1)　「(人)に～するように言う」は〈tell＋人＋to＋動詞の原形 ～〉で表す。主語が3人称単数で現在の文なので，tellsとする。

(2)　「(人)に～してほしい」は〈want＋人＋to＋動詞の原形 ～〉で表す。

(3)　「(人)に～するようにたのむ」は〈ask＋人＋to＋動詞の原形 ～〉で表す。過去の文なので，askedとする。

4

(1)　「(人)に～させる」「(人)が～するのを許す」は〈let＋人＋動詞の原形 ～〉で表す。

(2)　「(人)に～(強制的に)させる」は〈make＋人＋動詞の原形 ～〉で表す。

(3)　「(人)が～するのを手伝う[助ける]」は〈help＋人＋動詞の原形 ～〉で表す。

5

so … that ～は「とても…なので～」という意味。

(1)(3)　〈too …（for＋人）＋to＋動詞の原形 ～〉「…すぎて((人)は)～できない」に書きかえられる。

(2)　〈… enough（for＋人）＋to＋動詞の原形 ～〉「十分…なので((人)は)～できる」に書きかえられる。

1 「～することは（（人）にとって）…です。」は〈It is ...（for＋人）＋to＋動詞の原形 ～.〉で表します。このItは仮の主語で，本当の主語はto以下の部分です。このItは「それは」と訳さないので注意しましょう。

2 when や where などの疑問詞のあとに〈to＋動詞の原形 ～〉を置くと，「いつ～すべきか」や「どこへ［で］～すべきか」などという意味を表します。〈what＋名詞〉「何の～」や〈which＋名詞〉「どの～」のように，疑問詞のあとに名詞を置くこともあります。

3 人に何かをしてほしいときは，不定詞の前に〈人〉を置きます。〈want＋人＋to＋動詞の原形 ～〉「（人）に～してほしい」，〈tell＋人＋to＋動詞の原形 ～〉「（人）に～するように言う」，〈ask＋人＋to＋動詞の原形 ～〉「（人）に～するようにたのむ」などがあります。

4 「（人）に～させる」は〈let＋人＋動詞の原形 ～〉や〈make＋人＋動詞の原形 ～〉などで表します。「（人）が～するのを手伝う［助ける］」は〈help＋人（＋to）＋動詞の原形 ～〉で表します。これらの表現は，原形不定詞と呼ばれます。

5 〈too ...（for＋人）＋to＋動詞の原形 ～〉は「…すぎて（（人）は）～できない」，〈... enough（for＋人）＋to＋動詞の原形 ～〉は「十分…なので（（人）は）～できる」という意味です。どちらも so ... that ～「とても…なので～」を使った文に書きかえられます。

覚えておきたい知識

【〈It is ...（for＋人）＋to＋動詞の原形 ～.〉の文でよく使う語句】
〈It is ...（for＋人）＋to＋動詞の原形 ～.〉「～することは（（人）にとって）…です。」の文では，「...」のところに下の表のような語句をよく使う。

英語	日本語	英語	日本語
easy	簡単な，易しい	difficult, hard	難しい，困難な
important	重要な，大切な	necessary	必要な
interesting	興味深い，おもしろい	fun	おもしろい，楽しい
possible	可能な	impossible	不可能な

18 文型

答え

1 (1) swims (2) lived (3) sounds (4) look tired
(5) became, teacher

2 (1) speaks French (2) has, libraries (3) know that
(4) finished cleaning

3 (1) bought Mary a book (2) made us a cake
(3) give him a birthday present
(4) Betty taught me English

4 (1) call me Saki (2) named the cat Momo
(3) made us surprised
(4) keep the window open

解説

1

(1) 「泳ぐ」はswim。主語が3人称単数で現在の文なので，swimsとする。

(2) 「住んでいる」はlive。過去の文なので，livedとする。

(3) 「～に聞こえる」は〈sound ＋形容詞〉。主語が3人称単数で現在の文なので，soundsとする。

(4) 「～に見える」は〈look ＋形容詞〉。「疲れている」はtired。

(5) 「～になる」は〈become ＋形容詞[名詞]〉。過去の文なので，becameとする。

2

(1) 「～を話す」はspeak。主語が3人称単数で現在の文なので，speaksとする。

(2) 「～がある」は「～を持っている」と考え，haveを入れるが，主語が3人称単数で現在の文なので，hasとする。

(3) 「～ということを知っている」はknow (that) ～。

(4) 「～し終える」はfinish ～ing。過去の文なので，finishedとする。

3

(1) 「(人)に(もの)を買う」は〈buy ＋人＋もの〉。

(2) 「(人)に(もの)を作る」は〈make ＋人＋もの〉。

(3) 「(人)に(もの)をあげる」は〈give ＋人＋もの〉。

(4) 「(人)に(もの)を教える」は〈teach ＋人＋もの〉。

4

(1) 「AをBと呼ぶ」は〈call ＋A＋B〉。

(2) 「AをBと名づける」は〈name ＋A＋B〉。

(3) 「AをBにする」は〈make ＋A＋B〉。

(4) 「AをBのままにしておく」は〈keep ＋A＋B〉。

1 一般動詞の中には，あとに形容詞や名詞を置くものがあります。〈look＋形容詞〉「～に見える」や〈sound＋形容詞〉「～に聞こえる」は，主語がどのように見えるか，聞こえるかを説明しています。

2 一般動詞のあとに置かれる名詞は目的語で，「～を」や「～に」という意味を表します。名詞以外に代名詞や不定詞，動名詞，〈that＋主語＋動詞 ～〉などを置くことができます。

3 「（人）に（もの）を～する」は〈動詞＋人＋もの〉の語順で表します。「人」や「もの」が代名詞のときは，目的格の形にすることに注意しましょう。また，〈動詞＋人＋もの〉の形は，前置詞toやforを使って書きかえることができます。

4 「AをBに～する」は〈動詞＋A＋B〉の語順で表します。〈call＋A＋B〉「AをBと呼ぶ」や〈name＋A＋B〉「AをBと名づける」，〈make＋A＋B〉「AをBにする」などの表現があります。いずれも，A＝Bの関係になることがポイントです。

覚えておきたい知識

【〈動詞＋人＋もの〉の文の書きかえ】

〈動詞＋人＋もの〉「（人）に（もの）を～する」の文は，「人」と「もの」の順を入れかえて，〈動詞＋もの＋to[for]＋人〉の語順で表すこともできる。このとき，「人」の前に前置詞toやforを置く。「人」の前にtoを置くか，forを置くかは動詞によって異なる。

〈to＋人〉を使う動詞	give(与える)，show(見せる)，tell(伝える)，teach(教える)，send(送る) など
〈for＋人〉を使う動詞	make(作る)，buy(買う)，cook(料理する) など

(例)「先生は私たちに何枚かの写真を見せてくれました。」

　　　　　　　　　　　　人　　　もの
　Our teacher showed us some pictures.

「人」の前にtoやforを置いて，「もの」のあとに置く。

　Our teacher showed some pictures to us.
　　　　　　　　　　　　　もの　　　　　人

答え

1 (1) easier (2) newer (3) hotter (4) larger
2 (1) more useful (2) more carefully than (3) more important than
3 (1) Which is longer
(2) Who is busier, you or
(3) Who runs faster, Tom or
4 (1) get up as early as my mother
(2) Your cat is as cute as
(3) This mountain is not as high as
5 (1) any other student (2) three, as, as (3) better than

解説

1

than「～よりも」があるので，比較級の文。語尾に(e)rをつける。
(1) easyの比較級はeasier。yをiに変えてerをつける。
(2) newの比較級はnewer。
(3) hotの比較級はhotter。tを重ねてerをつける。
(4) largeの比較級はlarger。

2

「～より…だ」は比較級の文。usefulやcarefully，importantなど，つづりが比較的長い語の場合は，語尾に(e)rはつけず，前にmoreを置く。

3

(1) ものについて「AとBではどちらがより～ですか。」とたずねるときは，〈Which is＋比較級，A or B?〉で表す。
(2) 人について「AとBではどちらがより～ですか。」とたずねるときは，〈Who is＋比較級，A or B?〉で表す。

(3) 人について「AとBではどちらがより～しますか。」とたずねるときは，〈Who＋一般動詞＋比較級 ～，A or B?〉で表す。

4

(1)(2) 「～と同じくらい…」は〈as＋原級＋as ～〉で表す。原級とは，形容詞や副詞の変化していないもとの形のこと。
(3) 「～ほど…ない」は〈not as＋原級＋as ～〉で表す。

5

(1) 「ほかのどの～より…」は〈比較級＋than any other＋単数名詞〉で表す。any otherのあとの名詞は複数にしないことに注意。
(2) 「～の○倍…」は〈○ times as＋原級＋as ～〉で表す。「3倍」は three times。2倍はふつう twice とする。
(3) 「～より…のほうが好きである」は like ... better than ～。

38

1 「○○は〜よりも…です。」と，2つ[人]のものや人を比較する文では，〈主語＋動詞＋比較級＋than 〜.〉で表します。比較級は語尾に(e)rをつけて作ります。作り方はそれぞれの語によって異なるので，つづりを正しく書けるようにしましょう。

2 つづりが比較的長い語は，前にmoreを置いて比較級にします。この場合，語尾に(e)rをつけません。比較級にmoreを使う代表的な語をおさえておきましょう。

3 2つ[人]のものや人を比較して，「どちらがより〜ですか。」とたずねるとき，ものの場合はwhich，人の場合はwhoを使って表します。

4 「○○は〜と同じくらい…です。」は〈主語＋動詞＋as＋原級＋as 〜.〉で表します。否定文のときは，「○○は〜ほど…ないです。」という意味になることに注意しましょう。

5 比較級を使ったさまざまな表現は入試でよく出題されます。いろいろな英文で練習すると効果的です。

覚えておきたい知識

【規則変化の比較級の作り方】

多くの語 →語尾にerをつける	old → older tall → taller　など
eで終わる語 →語尾にrをつける	nice → nicer wide → wider　など
〈子音字＋y〉で終わる語 →yをiに変えてerをつける	happy → happier heavy → heavier　など
〈短母音＋子音字〉で終わる語 →最後の文字を重ねてerをつける	big → bigger hot → hotter　など

【前にmoreを置く比較級】
つづりが比較的長い語を比較級にするときは，前にmoreを置く。

（例）　beautiful → more beautiful　　interesting → more interesting
　　　　popular → more popular　　　useful → more useful
　　　　difficult → more difficult　　　famous → more famous
　　　　slowly → more slowly　　　　quickly → more quickly　など

20 比較②

本冊 P42, 43

答え

1 (1) biggest　(2) kindest　(3) nicest　(4) earliest
2 (1) most famous　(2) most interesting of　(3) most popular in
3 (1) Who is the tallest　(2) Who speaks Chinese the best
(3) do you like the best　(4) What is the most important
(5) Which flower is the most beautiful
4 (1) more difficult　(2) older than　(3) as, as　(4) harder than
(5) highest

解説

1

解答欄の直前にthe, 直後にinやofがあるので, 最上級の文。語尾に(e)stをつける。

(1) bigの最上級はbiggest。最後の文字を重ねてestをつける。
(2) kindの最上級はkindest。
(3) niceの最上級はnicest。
(4) earlyの最上級はearliest。yをiに変えてestをつける。

2

「いちばん〜」は最上級の文。

(2) 「複数の人やものの中で」を表すときは, 〈of＋複数を表す語句〉とする。
(3) 「場所・範囲を表す語句」を表すときは, 〈in＋場所・範囲を表す語句〉とする。

3

(1)(4) 「だれ[何]がいちばん〜ですか。」は〈Who[What] is the＋最上級 〜?〉で表す。
(2) 「だれがいちばん〜しますか。」は〈Who＋一般動詞＋the＋最上級 〜?〉で表す。

(3) 「あなたはどの…がいちばん好きですか。」は〈What＋名詞＋do you like the best?〉で表す。
(5) 「どの…がいちばん〜ですか。」は〈Which＋名詞＋is the＋最上級 〜?〉で表す。

4

(1) 「英語は数学より簡単」→「数学は英語より難しい」と考える。「難しい」はdifficult。
(2) 「私はあなたのお兄さん[弟さん]ほど若くない」→「私はあなたのお兄さん[弟さん]より年をとっている」と考える。「年をとった」はold。
(3) 「あなたの自転車は私の自転車より高価だ」→「私の自転車はあなたの自転車ほど高価でない」と考える。
(4) 「マイクはいちばん一生懸命に漢字を練習する」→「マイクはほかのどの生徒よりも一生懸命に漢字を練習する」と考える。
(5) 「このタワーより高いタワーはほかにない」→「このタワーがいちばん高い」と考える。

1 「○○はいちばん～です。」と，３つ[人]以上のものや人を比較する文では，〈主語＋動詞＋the＋最上級 ～.〉で表します。最上級は語尾に(e)stをつけて作ります。比較級とセットで覚えましょう。

2 つづりが比較的長い語は，前にmostをつけて最上級にします。この場合，語尾に(e)stをつけません。最上級にmostを使う代表的な語をおさえておきましょう。

3 ３つ[人]以上のものや人を比較して，「どれ[だれ]がいちばん～ですか。」とたずねるとき，ものの場合はwhichやwhat，人の場合はwhoを使って表します。

4 比較級，〈as＋原級＋as ～〉，最上級の文は，それぞれ書きかえることができます。それぞれの文で，何[だれ]と何[だれ]を比較して，それらについてどのように表しているかを確認しましょう。

覚えておきたい知識

【規則変化の最上級の作り方】

多くの語 →語尾にestをつける	high → highest fast → fastest　など
eで終わる語 →語尾にstをつける	large → largest safe → safest　など
〈子音字＋y〉で終わる語 →yをiに変えてestをつける	easy → easiest busy → busiest　など
〈短母音＋子音字〉で終わる語 →最後の文字を重ねてestをつける	big → biggest hot → hottest　など

【不規則変化する形容詞，副詞の比較級，最上級】

意味	原級	比較級	最上級
よい，じょうずな	good	better	best
じょうずに	well	better	best
悪い	bad	worse	worst
(数が)多い	many	more	most
(量が)多い	much	more	most
少ない	little	less	least

21 受け身の文

本冊 P44, 45

答え

1 (1) studied　(2) used　(3) sold　(4) written

2 (1) liked　(2) be　(3) was　(4) built

3 (1) This town is not[isn't] visited by many foreign people.
　(2) These pictures were not[weren't] taken by Tom.
　(3) French is not[isn't] spoken in this country.
　(4) The work will not[won't] be finished by 3:00.

4 (1) Is, closed　(2) Was, made　(3) Were, carried by

5 (1) was surprised at the news　(2) is known to everyone
　(3) is covered with snow　(4) is made from milk

解説

1

解答欄の前にbe動詞があるので，受け身〈be動詞＋過去分詞 ～〉の文。

(1) studyの過去分詞はstudied。

(2) useの過去分詞はused。

(3) sellの過去分詞はsold。

(4) writeの過去分詞はwritten。

2

「～されます」，「～されました」は受け身の文。

(1)(4) 前にbe動詞があるので，過去分詞を選ぶ。

(2) 「見られます」は「見られることができます」と考える。「～されることができる」は〈can＋be＋過去分詞 ～〉で表す。

(3) 主語がIで過去の文なので，be動詞はwas。

3

(1)～(3) be動詞のあとにnotを置く。

(4) 助動詞willのあとにnotを置く。短縮形won'tを使ってもよい。

4

(1) 主語がthe city hallで現在の文なので，be動詞はIs。closeの過去分詞はclosed。

(2) 主語がthis carで過去の文なので，be動詞はWas。makeの過去分詞はmade。

(3) 主語がthese boxesで過去の文なので，be動詞はWere。carryの過去分詞はcarried。「～によって」はby ～。

5

(1) 「～に驚く」はbe surprised at ～。

(2) 「～に知られている」はbe known to ～。

(3) 「～におおわれている」はbe covered with ～。

(4) 「～から作られる」はbe made from ～〈原料〉またはbe made of ～〈材料〉。

1 「○○は～されます。」という受け身の文は〈主語＋be動詞＋過去分詞 ～.〉で表します。規則動詞の過去分詞は過去形と同じ作り方です。不規則動詞の過去分詞は,動詞によって変わり方が異なるので,1つずつ覚えていきましょう。

2 受け身の文では,時制や主語の人称・単複に合わせたbe動詞を使います。また,助動詞を使った受け身の文では,助動詞のあとにbe動詞の原形beを続けることに注意しましょう。

3 「○○は～されません。」という受け身の否定文では,be動詞のあとにnotを置きます。助動詞を使った文では,助動詞のあとにnotを置きます。

4 「○○は～されますか。」という受け身の疑問文では,be動詞を文頭に置きます。助動詞を使った文では,助動詞を文頭に置き,〈助動詞＋主語＋be＋過去分詞 ～?〉となることに注意しましょう。

5 受け身の文では,〈be動詞＋過去分詞〉のあとに,atやtoなど,by以外の前置詞を使うものがあります。過去分詞と前置詞の組み合わせをセットで覚えましょう。

覚えておきたい知識

【不規則動詞の過去分詞の例】

意味	原形	過去形	過去分詞
～を切る	cut	cut	cut
～を読む	read [ríːd]	read [réd]	read [réd]
～を置く	put	put	put
来る	come	came	come
走る	run	ran	run
～を買う	buy	bought	bought
～を見つける	find	found	found
～を作る	make	made	made
～を飲む	drink	drank	drunk
～を投げる	throw	threw	thrown
～を書く	write	wrote	written
～を話す	speak	spoke	spoken

22 現在完了の文

答え

1 (1) finished (2) climbed (3) lived (4) eaten
2 (1) has seen[met] (2) have, cleaned (3) have studied
3 (1) Our school festival has not[hasn't] started.
(2) It has not[hasn't] been cold since last week.
(3) We have never[have not, haven't] seen the movie.
(4) I have not[haven't] played the piano since last year.
4 (1) Has, hasn't (2) many times (3) How long
5 (1) Have you ever stayed in foreign countries?
(2) Mamoru has been busy since yesterday.
(3) My sister has not[hasn't] washed these dishes yet.

解説

1

解答欄の前にhave[has]があるので，現在完了〈have[has]＋過去分詞 〜〉の文。
(1) finishの過去分詞はfinished。
(2) climbの過去分詞はclimbed。
(3) liveの過去分詞はlived。
(4) eatの過去分詞はeaten。

2

(1) 「〜したことがあります」は〈have[has]＋過去分詞 〜〉で表す。see[meet]の過去分詞はseen[met]。
(2) 「(すでに)〜しました」は〈have[has]＋過去分詞 〜〉で表す。cleanの過去分詞はcleaned。
(3) 「(ずっと)〜しています」は〈have[has]＋過去分詞 〜〉で表す。studyの過去分詞はstudied。

3

(1)(2)(4) have[has]のあとにnotを置く。短縮形haven't[hasn't]を使ってもよい。

(3) 経験用法の否定文。haveのあとにneverかnotを置く。短縮形haven'tを使ってもよい。

4

(1) 現在完了の疑問文は〈Have[Has]＋主語＋過去分詞 〜?〉で表す。答えるときはhave[has]を使って答える。
(2) 下の文で「2回です。」と答えているので，上の文では回数をたずねたとわかる。「何回」はhow many timesまたはhow often。
(3) 下の文で「約4年です。」と答えているので，上の文では期間をたずねたとわかる。「どれくらい(長く)」はhow long。

5

(1) everはふつう過去分詞の前に置く。
(2) 現在完了〈have[has]＋過去分詞 〜〉の文にする。
(3) 現在完了の否定文〈have[has] not＋過去分詞 〜〉にする。

1 現在完了の文は〈主語＋have［has］＋過去分詞 ～.〉で表します。受け身の文と同様に，不規則動詞の過去分詞は確実に覚えておきましょう。

2 〈have［has］＋過去分詞 ～〉は，経験，完了，継続の3つの意味を表すことができます。主語の人称や単複を確認してhaveとhasを使い分けましょう。

3 現在完了の否定文では，haveやhasのあとにnotを置きます。have notはhaven't，has notはhasn'tと短縮することができます。「一度も～したことがありません」と言うときは，neverを使います。

4 現在完了の疑問文では，haveやhasを文頭に置きます。how many times［how often］「何回」やhow long「どれくらい（長く）」などといっしょに使われることもあります。

5 現在完了の文では，everやsince ～，yetなど，よく使う語句があります。ever, just, alreadyなどはふつう過去分詞の前に置き，yetはふつう文末に置きます。

📖 **覚えておきたい知識**

【現在完了と過去形の違い】

・現在完了は，過去に起きた動作や状態が現在とつながっていることを表す。

（例）「私は5年間ずっとサッカーが好きです。」
I have liked soccer for five years.

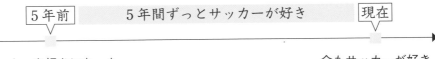

| 5年前 | 5年間ずっとサッカーが好き | 現在 |

サッカーを好きになった　　　　　　　　　　　今もサッカーが好き

・現在完了の文では，接続詞whenや，yesterday, last monthなど，過去のある時点を表す語句は使えない。

× It has started to rain this morning.
　　　　　　　　　　　　　過去のある時点を表す語句

○ It started to rain this morning.
　　過去形

45

23 現在完了・現在完了進行形の文 本冊 P48, 49

答え

1 (1) has, times　(2) have never　(3) Have, ever　(4) How many

2 (1) have just left the station
(2) has already decided the plans
(3) you listened to Amy's new song yet
(4) hasn't sent a message to you yet
(5) has gone to Australia

3 (1) トムは2年間(ずっと)自転車をほしがっています。
(2) 私はジュディに長い間会っていません。
(3) あなた(たち)は昨夜から(ずっと)病気ですか。
(4) カトウ先生はどれくらい(長く)この学校で働いていますか。

4 (1) has been playing the piano since
(2) Have you been waiting for Naomi
(3) How long have you been practicing

解説

1

「〜したことがあります」は現在完了の経験用法。
(1) 主語がSteveなのでhasを使う。「何度も」はmany times。
(2) 「一度も〜したことがありません」は〈have[has] never＋過去分詞 〜〉で表す。
(3) ever「今までに」は過去分詞の前に置く。
(4) 「何回」はhow many timesまたはhow often。

2

「〜したところです」,「〜してしまいました」は現在完了の完了用法。
(1)(2) just「ちょうど」やalready「すでに, もう」は過去分詞の前に置く。
(3)(4) 疑問文で「もう」, 否定文で「まだ」はyetで表し, 文末に置く。

(5) 「〜に行ってしまった(今はここにいない)」はhave[has] gone to 〜。have[has] been to 〜は「〜に行ったことがある」,「〜に行ってきたところだ」という意味。

3

(1)〜(3) 文末にfor 〜やsince 〜があるので, 現在完了の継続用法。「(ずっと)〜しています」という意味。
(4) how long「どれくらい(長く)」

4

(1) 現在完了進行形の文。〈have[has] been＋動詞のing形 〜〉で表す。
(2) 現在完了進行形の疑問文。〈Have[Has]＋主語＋been＋動詞のing形 〜?〉で表す。
(3) How long「どれくらい(長く)」で文を始め, あとに疑問文の語順を続ける。

1 「○○は〜したことがあります。」は現在完了の経験用法で表します。回数を表す表現などをよく使います。「1回」はonce，「2回」はtwice，3回以上は〜 times と表します。

2 「○○は〜したところです。」，「○○は〜してしまいました。」は現在完了の完了用法で表します。肯定文で使うalready「すでに，もう」やjust「ちょうど」はふつう過去分詞の前，否定文や疑問文で使うyet「（否定文で）まだ，（疑問文で）もう」はふつう文末に置きます。

3 「○○は（ずっと）〜しています。」は現在完了の継続用法で表します。for 〜やsince 〜などをよく使います。forは期間の長さ，sinceは過去の始まった時点を表します。

4 「○○は（ずっと）〜しています。」は現在完了進行形〈主語＋have[has]＋been＋動詞のing形 〜.〉でも表すことができます。likeやknowなど，状態を表す動詞は現在完了進行形にはしないことも覚えておきましょう。

覚えておきたい知識

【現在完了のそれぞれの用法でよく使われる語句】

現在完了の文を日本語にするときは，いっしょに使われる語句で用法を判断できる。

用法	いっしょに使われる語句
継続用法	for 〜「〜の間」 since 〜「〜から」 how long「どれくらい（長く）」
経験用法	回数を表す表現（例：once, four timesなど） ever「今までに」 never「一度も〜ない」 before「以前に」 how many times[how often]「何回」
完了用法	already「すでに，もう」 just「ちょうど」 yet「（否定文で）まだ」，「（疑問文で）もう」

24 分詞

答え

1 (1) dancing　(2) playing　(3) singing　(4) running

2 (1) crying girl　(2) sitting　(3) walking　(4) swimming
(5) standing

3 (1) spoken　(2) used　(3) taken　(4) made

4 (1) That girl called Nana
(2) pictures painted by John
(3) a book written in English
(4) the festival held in Wakaba City
(5) that broken window

解説

1

「〜している」は現在分詞〈動詞のing形〉で表す。
(1) dance の ing 形は dancing。
(2) play の ing 形は playing。
(3) sing の ing 形は singing。
(4) run の ing 形は running。

2

(1) 動詞の ing 形が1語で名詞を修飾するときは, 名詞の前に動詞の ing 形を置く。
(2)〜(5) 動詞の ing 形のあとに語句が続くときは, 名詞のあとに動詞の ing 形を置く。

3

「〜される」,「〜された」は過去分詞で表す。
(1) speak の過去分詞は spoken。
(2) 「中古の」は「使われた」と考え, used とする。
(3) take の過去分詞は taken。

(4) 「日本製の」は「日本で作られた」と考え, make の過去分詞 made を使って, made in Japan とする。

4

(1)〜(4) 過去分詞のあとに語句が続くときは, 名詞のあとに過去分詞を置く。
(1) that girl「あの少女」のあとに called Nana「ナナと呼ばれている」を置く。
(2) pictures「絵」のあとに painted by John「ジョンによってかかれた」を置く。
(3) a book「本」のあとに written in English「英語で書かれた」を置く。
(4) the festival「祭り」のあとに held in Wakaba City「ワカバ市で開かれる」を置く。
(5) 「あのこわれた窓」は「あのこわされた窓」と考える。過去分詞が1語で名詞を修飾するときは, 名詞の前に過去分詞を置く。window「窓」の前に broken「こわされた」を置く。that は broken の前に置く。

1 「～している」は現在分詞〈動詞のing形〉で表し，名詞を前か後ろから修飾して名詞を説明します。動詞のing形の作り方を復習しておきましょう。

2 現在分詞が名詞を修飾するときの語順に注意しましょう。1語で修飾するときは〈動詞のing形＋名詞〉，現在分詞のあとに語句が続くときは〈名詞＋動詞のing形＋語句〉の語順で表します。

3 「～される」，「～された」は過去分詞で表し，名詞を前か後ろから修飾して名詞を説明します。規則動詞や不規則動詞の過去分詞の作り方を復習しておきましょう。

4 過去分詞が名詞を修飾するときの語順に注意しましょう。1語で修飾するときは〈過去分詞＋名詞〉，過去分詞のあとに語句が続くときは〈名詞＋過去分詞＋語句〉の語順で表します。

覚えておきたい知識

【分詞】

　分詞が名詞を修飾するときは，名詞の前または名詞のあとに置く。

・分詞1語で名詞を修飾するとき…名詞の前に分詞を置く。

　（例）　the singing girl 　「歌っている少女」
　　　　　　　　　　　　　〈分詞＋名詞〉の語順

・分詞のあとに語句が続くとき…名詞の後ろに分詞を置く。

　（例）　the girl singing over there 　「向こうで歌っている少女」
　　　　　　　　　　　　　　　　　　〈名詞＋分詞＋語句〉の語順

【注意すべき過去分詞の表現】

　過去分詞の中には，「～される」や「～された」と訳さないものがある。

（例）　「中古車」a used car 　（使われた車）
　　　　「落ち葉」fallen leaves 　（落ちた葉）
　　　　「こわれたラケット」a broken racket 　（こわされたラケット）
　　　　「日本製のいす」a chair made in Japan 　（日本で作られたいす）　　など

25 関係代名詞①

答え

1 (1) who (2) which (3) that (4) plays (5) was

2 (1) the bus which goes to the station
(2) the man that is waiting for a train over there
(3) The artist who is from Australia
(4) The vegetables which are sold at that store

3 (1) that (2) which (3) that (4) that

4 (1) the subject which you like the best
(2) The building which you can see over there
(3) the eraser that you lost yesterday
(4) The person that I respect
(5) The movie which I saw last week made me excited

解説

1
(1)～(3) 主格の関係代名詞を選ぶ。
(1) 先行詞が「人」なのでwho。
(2)(3) 先行詞が「もの」なのでwhichまたはthat。
(4)(5) 主格の関係代名詞のあとの動詞の形は，先行詞の人称や単複などに合わせる。また時制にも注意する。

2
主格の関係代名詞の文。
(1) the bus「バス」のあとに，which goes to the station「駅に行く」を続ける。
(2) the man「男性」のあとに，that is waiting for a train over there「向こうで電車を待っている」を続ける。
(3) The artist「画家」のあとに，who is from Australia「オーストラリア出身である」を続ける。
(4) The vegetables「野菜」のあとに，which are sold at that store「あの店で売られている」を続ける。

3
目的格の関係代名詞を選ぶ。
(1)(4) 先行詞が「人」なのでthat。
(2)(3) 先行詞が「もの」なのでwhichまたはthat。

4
目的格の関係代名詞の文。
(1) the subject「教科」のあとに，which you like the best「あなたがいちばん好きである」を続ける。
(2) The building「建物」のあとに，which you can see over there「（あなたが）向こうに見える」を続ける。
(3) the eraser「消しゴム」のあとに，that you lost yesterday「あなたが昨日なくした」を続ける。
(4) The person「人」のあとに，that I respect「私が尊敬している」を続ける。
(5) 主語「私が先週見た映画」は，関係代名詞を使って，the movie which I saw last weekと表す。「AをBにする」は〈make＋A＋B〉。

学習のアドバイス ·········· 得点が低かったところを読もう！ ··········

1 主格の関係代名詞は主語の働きをします。先行詞が「人」の場合はwho または that, 先行詞が「もの」や「動物」の場合はwhich または that を使います。

2 関係代名詞は，名詞のあとに置いて，その名詞(＝先行詞)を修飾します。主格の関係代名詞のときは，関係代名詞のあとに動詞や助動詞を続けます。

3 目的格の関係代名詞は目的語の働きをします。先行詞が「人」の場合はthat,「もの」や「動物」の場合はwhich または that を使います。

4 目的格の関係代名詞は，あとに〈主語＋動詞 ～〉を続けて，先行詞を修飾します。

覚えておきたい知識

【関係代名詞の種類】

関係代名詞は，先行詞の種類や格によって，次のように使い分ける。

先行詞	主格	目的格
人	who [that]	that
もの・動物	which [that]	which [that]

> 関係代名詞thatは主格，目的格のどちらでも使うことができる。

【関係代名詞の働き】

・主格の関係代名詞

I have an aunt. (She) can speak Chinese well.

＝I have |an aunt| who can speak Chinese well.
　　　先行詞 ↑　　　　　　　「私には中国語をじょうずに話せる おば がいます。」
　　　　　　　who 以下が an aunt を修飾している

・目的格の関係代名詞

This is a cake. I made (it) yesterday.

＝This is |a cake| that I made yesterday. 「これは私が昨日作った ケーキ です。」
　　　先行詞 ↑　　　　　　that以下が a cake を修飾している

51

26 関係代名詞②

答え

1 (1)　shoes my father bought　(2)　a cake my mother makes
　　(3)　The computer George has
　　(4)　The book I got yesterday

2 (1)　We want a dog which[that] has long hair.
　　(2)　I have an uncle who[that] teaches Japanese in America.
　　(3)　The singer that I like very much will have a concert in September.
　　(4)　Is the movie which[that] you saw yesterday afternoon popular around the world?

3 イ，エ，オ

4 (1)　a[one] student who[that] can play the piano
　　(2)　the word(s) which[that] Sam said
　　(3)　The girl who[that] is talking with Ms. Brown
　　(4)　京都で撮られたこれらの写真は美しいです。
　　(5)　この窓をこわした人はだれですか。
　　(6)　私には今朝，しなければならないことがいくつかあります。

解説

1

(1)　shoes を my father bought 〜が修飾する形にする。
(2)　a cake を my mother makes が修飾する形にする。
(3)　The computer を George has が修飾する形にする。
(4)　The book を I got yesterday が修飾する形にする。

2

(1)(2)　2文目の主語を，主格の関係代名詞which や who, that にする。
(3)(4)　2文目の目的語を，目的格の関係代名詞which や that にする。

3

イ　先行詞が the boys と複数なので，be動詞は is ではなく are。
エ　the bridge のあとに主格の関係代名詞which[that]が不足している。
オ　it が不要。

4

(1)(3)　先行詞が「人」なのでwho または that を使う。
(2)　先行詞が「もの」なのでwhich または that を使う。
(4)　that were taken in Kyoto が These pictures を修飾している。
(5)　who broke this window が the person を修飾している。
(6)　that I have to do this morning が a few things を修飾している。

1 目的格の関係代名詞は，省略して〈名詞＋主語＋動詞 〜〉と表すことができます。このとき，〈主語＋動詞 〜〉は後ろから名詞を修飾します。主格の関係代名詞は省略できないので，混同しないようにしましょう。

2 2文目の代名詞に注目して，主格と目的格のどちらの関係代名詞を使うのかを考えましょう。また，先行詞が「人」か「もの」なのかも確認しましょう。

3 関係代名詞をふくむ文では，どこからどこまでが先行詞を修飾するのかに注目しましょう。また，文の全体の主語や動詞をきちんと把握することも大事です。

4 関係代名詞の英作文や和訳では，関係代名詞以下がどの名詞を修飾しているかを確認しましょう。日本語や英文中に下線や矢印などをつけると，文の組み立てがわかりやすくなります。

覚えておきたい知識

【後置修飾】

　英語で名詞を修飾するとき，1語の場合は名詞の前に，2語以上の場合は名詞のあとに修飾語を置く。

・1語の場合

（例）　a beautiful flower 「美しい花」
〈形容詞＋名詞〉の語順

・2語以上の場合

① 前置詞句

（例）　a student from America 「アメリカ出身の生徒」
〈名詞＋前置詞 〜〉の語順

② 不定詞の形容詞的用法

（例）　a place to visit 「訪れるべき場所」
〈名詞＋to＋動詞の原形 〜〉の語順

③ 分詞

（例）　a letter written in English 「英語で書かれた手紙」
〈名詞＋分詞 〜〉の語順

④ 関係代名詞

（例）　a friend who speaks Chinese 「中国語を話す友達」
〈名詞＋関係代名詞 〜〉の語順

27 仮定法

答え

1 (1) could speak　(2) would　(3) were　(4) were
2 (1) I could fly in the sky
　(2) I were a popular singer
　(3) I wish I had a brother
　(4) I wish Mr. Smith would come
　(5) I wish I could travel
3 (1) were　(2) worked　(3) were　(4) would　(5) could
4 (1) If I were there　(2) if I had much money
　(3) we could go shopping together
　(4) I would eat a lot of delicious food

解説

1

「～だったらよいのに。」は〈I wish ＋主語＋(助)動詞の過去形 ～.〉で表す。
(1) can の過去形could を使ったcould speak を選ぶ。
(2) will の過去形would を選ぶ。
(3)(4) I wish ～.の文では，主語が何であっても，ふつうbe動詞はwere を使う。

2

〈I wish ＋主語＋(助)動詞の過去形 ～.〉の文にする。
(1) 「私が空を飛べたらよいのに。」
(2) 「私が人気のある歌手ならよいのに。」
(3) 「私に兄弟か姉妹がいたらよいのに。」
(4) 「スミス先生が日本に戻ってきたらよいのに。」
(5) 「私が世界中を旅することができたらよいのに。」

3

(1)(3) 仮定法の文では，主語が何であっ

ても，ふつうbe動詞はwere を使う。
(2) 仮定法の文では，動詞は過去形にする。
(4)(5) 仮定法の文では，過去形の助動詞would やcould を使う。

4

(1)(3)(4) 〈If ＋主語＋(助)動詞の過去形 ～，主語＋would ／ could ＋動詞の原形 ....〉の文にする。
(1) 「もし私がそこにいたら，私はあなた(たち)を手伝うのに。」
(3) 「もし今日あなた(たち)が忙しくないなら，私たちはいっしょに買い物に行くことができるのに。」
(4) 「もし私が北海道に滞在していたら，おいしい食べ物をたくさん食べるのに。」
(2) if ～は文の後半に置くこともできる。「もし私がたくさんのお金を持っていたら，新しい車を買うことができるのに。」

54

1 「○○が〜であればよいのに。」と，現実とは異なる，もしくは実現しないような願望を表す仮定法の文では，〈I wish＋主語＋(助)動詞の過去形 〜.〉で表します。現在のことについて述べていますが，動詞や助動詞は過去形になることがポイントです。

2 I wishのあとに〈主語＋(助)動詞の過去形 〜〉を続けます。主語が何であっても，ふつうbe動詞はwereを使うことに注意しましょう。

3 「もし○○が〜なら，…だろうに。」と，現在の事実とは異なる想定を表す仮定法の文では，〈If＋主語＋(助)動詞の過去形 〜，主語＋would ／ could ＋動詞の原形….〉で表します。条件を表すifの文との違いは，if 〜の部分の動詞や助動詞が過去形になっているかどうかで見分けることができます。

4 ifを使う仮定法の文も，wishを使う仮定法の文と同様に，現在のことについて述べていますが，動詞や助動詞は過去形を使います。また，主語が何であっても，ふつうbe動詞はwereを使います。if 〜は文の後半に置くこともできます。

覚えておきたい知識

【接続詞if】
　接続詞ifには，条件を表す文と，仮定法の文の2種類の使い方がある。

・条件を表す文
　(例)　「もし明日雨なら，私は家にいるつもりです。」
　　　　If it is rainy tomorrow, I will stay home.
　　　　└ 条件を表すifの文では，未来のことでも現在形を使う

> 現実に起こる可能性がある。

・仮定法の文
　(例)　「もし私が魚だったら，海を泳ぎまわるのに。」
　　　　If I were a fish, I would swim around the sea.
　　　　└ 仮定法の文では，現在のことでも過去形を使う

> 現実とは異なる想定。（実際は魚ではない。）

28 熟語表現

答え

1 (1) had, time　(2) looking for　(3) belongs　(4) do, best
2 (1) is famous for its beautiful flowers
　　(2) is able to speak Japanese
　　(3) Are you afraid of dogs　(4) is different from yours
3 (1) other　(2) For　(3) because　(4) According　(5) more
4 (1) ウ　(2) ア　(3) イ　(4) イ　(5) ア

解説

1

(1) 「～な時をすごす」はhave a ～ time。
(2) 「～をさがす」はlook for ～。
(3) 「～に所属している」はbelong to ～。
(4) 「全力を尽くす」はdo one's best。

2

(1) 「～で有名である」はbe famous for ～。
(2) 「～することができる」はbe able to ～。
(3) 「～をこわがる」はbe afraid of ～。
(4) 「～と違っている」はbe different from ～。

3

(1) 「私たちはたがいに助け合うべきです。」each otherは「たがい(に)」。
(2) 「この動物園には多くの動物がいます。例えば，ライオンやパンダです。」for exampleは「例えば」。
(3) 「悪天候のために，電車が止まりました。」because of ～は「～のために」。
(4) 「地図によると，レストランはこの近くです。」according to ～は「～によると」。
(5) 「この本には10より多くの物語がのっています。」more than ～は「～より

多い」。moreはmanyの比較級。

4

(1) Excuse me.は「すみません。」と人に声をかけるときの表現。A「すみません。おたずねしてもいいですか。」／B「もちろん。」
(2) Of course.は「もちろん。」。A「この部屋は暑いです。窓を開けてくれませんか。」／B「もちろん。」
(3) Why don't we ～?は「(いっしょに)～しませんか。」と誘う表現。A「公園でテニスをしませんか。」／B「それはいい考えですね。」
(4) Pardon me?は相手の言葉が聞き取れなかったときに聞き返す表現。　A「美術館への行き方を教えていただけませんか。」／B「何とおっしゃいましたか。」／A「美術館への道を教えてください。」
(5) What's up?は親しい相手に「どうしましたか。」とたずねる表現。A「もしもし。ユイです。」／B「こんにちは，ユイ。どうしましたか。」／A「映画のチケットが2枚あります。いっしょに行きましょう。」

1 have や look などの動詞をふくむ熟語や連語を覚えましょう。出てきた熟語や連語はノートにまとめておくとよいです。また，動詞は，主語の人称や単複，時制などによって，形が変化することに注意しましょう。

2 形容詞をふくむ熟語や連語に関する問題です。be interested in ～などのように，あとに前置詞や副詞を続ける形が多いです。

3 for example や because of ～は長文中でもよく使われています。さまざまな熟語や連語を覚えていれば，長文読解でも役に立ちます。英文中でどのように使われているかをその都度確認しておくとよいでしょう。

4 日常生活でよく使われる会話表現です。単語ごとに訳そうとはせず，一文で意味を覚えましょう。場面を想像しながら覚えると記憶に残りやすいです。

📖 覚えておきたい知識

【動詞を使った熟語や連語の例】
- have を使った熟語や連語
  have fun「楽しむ」　　　　　have no idea「見当もつかない」
  have a break「休憩する」　　have a cold「かぜをひいている」　　など
- take を使った熟語や連語
  take action「行動を起こす」　take a bath「入浴する」
  take a look「ちらりと見る」　take off「脱ぐ，外す」　　など
- go を使った熟語や連語
  go back「帰っていく」　　　　　　go out「外出する」
  go by「(時間が)過ぎる，通り過ぎる」　go to bed「寝る」　　など

【よく使われる会話表現の例(電話・買い物)】

電話	・May[Can] I speak to ～(, please)?「～さんをお願いします。」 ・Speaking.「私です。」 ・Hold on.「(電話を切らずに)お待ちください。」 ・Who's calling(, please)?「どちらさまですか。」
買い物	・May[Can] I help you?「お手伝いしましょうか(いらっしゃいませ)。」 ・Yes, please. / No, thank you.「はい，お願いします。/ いいえ，けっこうです。」 ・I'll take it.「それをいただきます。」 ・How much?「いくらですか。」

29 英作文

本冊 P60, 61

答え

1 (1)① get something hot to drink　② May I speak to Ken
(2)① （例）Have you ever been there[to Hokkaido]?
　② （例）Shall I help you?

2 (1)（例）It's[It is] sunny[fine]（today）.
(2)（例）You must not take pictures here.[Don't take pictures here.]

3 (1) My brother was watching TV　(2) What is this flower called
(3) the best season to visit this country

4 (1)（例）My favorite school event is the sports day. I can run fast, so I like to run in the relay. I enjoy running with other students. (26語)
(2)（例）I don't agree with you because it's difficult to stop using cars. I think we should make new cars which are not bad for the environment. (26語)

解説

1

(1)① 形容詞がsomethingを修飾するときは，somethingのあとに形容詞を置く。
② 電話での決まり文句。May I speak to ～, please?「～さんをお願いします。」
(2)① AがNo, I haven't.と答えていることから，「そこ（＝北海道）に行ったことがあるか」などという文を入れるとわかる。
② BがYes, please.と答えていることから，Aは手助けを申し出たとわかる。

2

(1) 男性は女性に今日の天気をたずねている。天候や気候について表す文の主語はit。
(2) 絵の内容から，男性は女性に「写真を撮ってはいけない」などと言っているとわかる。「～してはいけません。」はYou must not ～.や〈Don't＋動詞の原形 ～.〉で表す。

3

(1) 「～していました」は過去進行形〈was[were]＋動詞のing形 ～〉で表す。
(2) 受け身の疑問文。〈疑問詞＋be動詞＋主語＋過去分詞 ～?〉で表す。
(3) 「この国を訪れるのに」は不定詞〈to＋動詞の原形〉の形容詞的用法で表す。

4

(1) まず，自分が好きな学校行事を述べ，あとに理由や説明を続ける。
(2) ジョンの発言は「私は車を使うのをやめるべきだと思います。私たちはそのかわりに自転車を使ったり，電車に乗ったりできます。あなたは私の意見に賛成しますか。」という意味。まずジョンの考えに対して賛成か反対かを述べ，あとに理由や説明を続ける。

58

1 日本語のヒントがない対話文中の空所に英語を補う問題では，前後の文脈から，どんな場面かをつかむことが大切です。また，電話や買い物，道案内などでの決まり文句を覚えておくとよいです。

2 絵の内容を英語で表す問題では，絵から読み取れた情報をもとに，まず日本語で文を考えましょう。英作文問題では，語句の知識に加えて，文法の知識も大切です。

3 和文英訳問題では，まず英語の主語と動詞を組み立てて，あとに続く語を順番に考えましょう。日本語と英語では語順が違うことに注意が必要です。

4 I think ～.などの表現を使って，英語で自分の意見を述べられるようになりましょう。理由を表すbecauseや，例を示すfor exampleなどの表現を覚えておくと便利です。また，日頃から新聞やニュースでよく見かける内容について，自分の考えを持っておくとよいでしょう。

覚えておきたい知識

【条件英作文で注意すべきポイント】
・条件(語数，指定語，「具体例を挙げて」などの指示)を確認する。
・文法の誤り(3単現や複数形の(e)sの抜けなど)はないか。
・ピリオド，コンマなどの抜けはないか。

【自分の意見を述べるときによく使う表現】
・I think ～.「私は～だと思います。」　・I agree with ～.「私は～に同意します。」
・I want to ～.「私は～したいです。」　・We should ～.「私たちは～すべきです。」
・in my opinion「私の意見では」　　・It is ... to ～.「～することは…です。」

【英作文でよく問われるテーマと関連する語句】

ボランティア (volunteer)	clean「～をそうじする」，help「～を助ける」， nursery school「保育園」，hospital「病院」　など
職業体験 (work experience)	teach「～を教える」，farm「農場」，factory「工場」， professional「プロの」，grow「～を育てる」　など
環境問題 (environmental problem)	save「～を節約する」，protect「～を保護する」，nature「自然」， waste「むだ，～をむだにする」，pollution「汚染」　など

答え

1 (1) イ　(2) ア　(3) ア　　**2** (1) エ　(2) ア　(3) エ

3 (1) ア　(2) ウ　(3) ウ　　**4** (1) エ　(2) ウ

解説

1

【読まれた英語】

(1) We use this when we cut food.

(2) Don't eat or drink in this area.

(3) I have two cats.　One is white, and the other is black.

【和訳】

(1) 食べ物を切るときに，これを使います。

(2) この場所で食べたり飲んだりしてはいけません。

(3) 私はネコを2匹飼っています。1匹は白で，もう1匹は黒です。

2

【読まれた英語】

(1) A: How can I help you today?

　　B: I have a headache.

　　A: That's too bad.　Let me take a look.

　　Question: Where are they talking?

(2) A: Is there a bus for the city hall?

　　B: Yes, but it left five minutes ago.

　　A: What time will the next bus come?

　　B: At 2:00.　So, you have to wait for fifteen minutes.

　　Question: What time is it now?

(3) Hi, I'm Sherry.　I'm from America. I came to Japan because my parents will work here.　We are going to stay in this city for six months. It's not a long time, but I'll be happy if we can be good friends. Also, I hope I can learn Japanese by talking with you a lot.

　　Question: What should you do for Sherry?

【和訳】

(1) A「今日はどうされましたか。」

　　B「頭痛がするんです。」

　　A「それはお気の毒に。見せてください。」

　　質問：彼らはどこで話していますか。

(2) A「市役所行きのバスはありますか。」

　　B「はい，ですが5分前に出ましたよ。」

　　A「次のバスは何時に来ますか。」

　　B「2時です。ですから，15分待たなければいけません。」

　　質問：今，何時ですか。

(3) こんにちは，私はシェリーです。アメリカ出身です。両親が日本で働くので，ここに来ました。この市に6か月間，滞在する予定です。長い時間ではありませんが，よい友達になれたらうれしいです。また，あなたたちとたくさん話すことで，日本語を学べたらいいなと思います。

　　質問：あなたはシェリーのために何をするべきですか。

❸

【読まれた英語】

(1) A: This cake is delicious.

B: I'm happy that you like it.

A: Can I have some more?

(2) A: What would you like?

B: A hamburger and a coffee, please.

A: How about our special apple pie for dessert?

B: Well, I don't like apple pie. Do you have ice cream?

(3) A: Hello. This is Ryota. Where are you, Emily?

B: I'm walking to the station. Have you arrived yet?

A: Yes. Where should I wait for you?

B: You don't have to move. I'll come to you. Tell me what you see now.

【和訳】

(1) A「このケーキはとてもおいしいです。」

B「気に入ってもらえてうれしいです。」

A「もっといただいてもいいですか。」

(2) A「何になさいますか。」

B「ハンバーガーを1つと，コーヒーを1杯お願いします。」

A「デザートに特製のアップルパイはいかがですか。」

B「ええと，アップルパイは好きではありません。アイスクリームはありますか。」

(3) A「もしもし。リョウタです。あなたはどこにいますか，エミリー。」

B「私は駅に向かって歩いているところです。あなたはもう着きましたか。」

A「はい。どこであなたを待つべきですか。」

B「あなたは移動する必要はありません。私があなたのところへ行きます。今，何が見えるか教えてください。」

❹

【読まれた英語】

A: Hi, Bill. What are you doing?

B: Hi, Saki. My bike doesn't work well, so I want to take it to a bike shop. Are there any bike shops near here?

A: There are two. Turn right at the first traffic light. You can see one of them soon. Oh, wait! It's closed on Wednesday.

B: Then, I'll go to the other one. Please tell me the way.

A: Go down this street and turn left at the third traffic light. It's in front of the hospital.

【和訳】

A「こんにちは，ビル。あなたは何をしているのですか。」

B「こんにちは，サキ。自転車がうまく動かないので，自転車店に持って行きたいのです。この近くに自転車店はありますか。」

A「2軒あります。1つ目の信号を右に曲がってください。すぐにそのうちの1軒が見えます。ああ，待ってください！その店は水曜日は閉まっています。」

B「では，もう1軒のほうに行きます。道を教えてください。」

A「この通りを行って，3つ目の信号を左に曲がってください。その店は病院の前にあります。」

理解度チェックシート

各単元の得点を棒グラフに整理して，自分の弱点を「見える化」しましょう！

単元	~50	60	70	80	90	100点
				合格ライン		
例 ○○○○						
1 be動詞の文						
2 一般動詞の文						
3 命令文，感嘆文						
4 過去の文①						
5 過去の文②						
6 疑問詞を使った疑問文①						
7 疑問詞を使った疑問文②						
8 いろいろな疑問文						
9 進行形の文						
10 未来の文						
11 There is ～.の文						
12 名詞，形容詞，副詞						
13 助動詞						
14 接続詞						
15 前置詞						
16 不定詞①，動名詞						
17 不定詞②						
18 文型						
19 比較①						
20 比較②						
21 受け身の文						
22 現在完了の文						
23 現在完了・現在完了進行形の文						
24 分詞						
25 関係代名詞①						
26 関係代名詞②						
27 仮定法						
28 熟語表現						
29 英作文						
30 リスニング						

単元	~50	60	70	80	90	100点
例　○○○○				合格ライン		
1　be動詞の文						
2　一般動詞の文						
3　命令文，感嘆文						
4　過去の文①						
5　過去の文②						
6　疑問詞を使った疑問文①						
7　疑問詞を使った疑問文②						
8　いろいろな疑問文						
9　進行形の文						
10　未来の文						
11　There is ~.の文						
12　名詞，形容詞，副詞						
13　助動詞						
14　接続詞						
15　前置詞						
16　不定詞①，動名詞						
17　不定詞②						
18　文型						
19　比較①						
20　比較②						
21　受け身の文						
22　現在完了の文						
23　現在完了・現在完了進行形の文						
24　分詞						
25　関係代名詞①						
26　関係代名詞②						
27　仮定法						
28　熟語表現						
29　英作文						
30　リスニング						

※理解度チェックシートは，2回分つけてあります。有効に活用してください。

次はこの本がオススメ！

　このページでは，本書の学習を終えた人に向けて，数研出版の高校入試対策教材を紹介しています。明確になった今後の学習方針に合わせて，ぜひ使ってみてください。

① すべての単元が，「合格ライン」80点以上の場合

『高校入試5科　頻出問題徹底攻略』

- 全国の公立高校入試から頻出問題を厳選した問題集。英，数，国，理，社5教科の過去問演習がこの1冊で可能。
- 別冊解答では，答えと解説に加えて，必要な着眼点や注意事項といった入試攻略のポイントを丁寧に解説。
- 入試本番を意識した模擬テストも付属。

こんな人にオススメ！
- ・基礎が身についており，入試に向けて実戦力をつけたい人
- ・効率よく5教科の問題演習や対策を行いたい人

② 一部の単元が，「合格ライン」80点に届かない場合

『チャート式シリーズ　中学英語　総仕上げ』

- 中学3年間の総復習と高校入試対策を1冊でできる問題集。復習編と入試対策編の2編構成。
- 復習編では，中学校の学習内容を網羅し，基本問題と応用問題で段階的な学習が可能。
- 入試対策編では，入試で頻出のテーマを扱い，実戦力を強化。

こんな人にオススメ！
- ・基礎から応用，入試対策までを幅広くカバーしたい人
- ・苦手分野の基礎固めを完成させたい人

③ 多くの単元が，「合格ライン」80点に届かない場合

『とにかく基礎　中1・2の総まとめ　英語』

- 中1，2でおさえておきたい重要事項を1冊に凝縮した，効率よく復習ができる問題集。
- いろいろな出題形式で基本問題を反復練習できるようになっており，基礎固めに最適。
- 基礎知識を一問一答で確認できる，ICTコンテンツも付属。

こんな人にオススメ！
- ・中1，2の内容を基礎からもう一度復習したい人
- ・基本問題の反復練習で，知識をしっかりと定着させたい人

15383A

数研出版

https://www.chart.co.jp